和孚故事

胡淑娟 陈月荣 吴燕燕 刘险峰 编著

南浔区文化和广电旅游体育局 和孚镇人民政府 联合出品

浔迹丛书

浙江摄影出版社

本书编委会

顾　问：杨长海　吴冠宇

主　任：郭凤娟

副主任：邱建敏　沈　懿　吴寅华

徐铁成　李　彦　温晓波　杨盛怡

编　委：沈林强　吴国平　沈良驹

孙　琳　吴　洁　黄　洁

主　编：郭凤娟

序　言

中共湖州市南浔区委常委、宣传部部长　杨长海

有历史才会有底蕴，有文化才能彰显内涵。文化自信是一个国家、一个民族发展中更基本、更深沉、更持久的力量。站在“两个一百年”奋斗目标的历史交汇点上，习近平总书记强调：“‘十四五’时期，我们要把文化建设放在全局工作的突出位置，切实抓紧抓好。”

岁月长河一双手，描画了中华上下五千年的悠久文脉，润泽了泱泱华夏的每一片土地。南浔地处长三角城市群的中心腹地，是湖州与上海接轨的前沿，交通便捷。一方水土，一方文化。得天独厚的地理优势孕育了南浔深厚而独特的历史文化。南浔曾为东南望镇，以富甲江南、地灵人杰而享有盛名，自古就有“文化之邦”“诗书之乡”等美誉。入选世界文化遗产的南浔古镇、大运河（南浔段），入选全球重要农业文化遗产的桑基鱼塘，是浩瀚历史淘沙而现的珍宝。以“四象八牛七十二墩狗”为代表的浔商巨贾群星璀璨，映衬着西泠印社发起人之一的张石铭、著名作家徐迟等文人雅士的明珠之辉，汇聚成希望的火种，照亮着南浔历经岁月的蓬勃发展之路。

有自信才有底气开放，有自信才能大气兼容。近年来，南

浔区不断推动文化建设高质量发展，坚定文化自信，力求更好地满足群众精神文化新需求、新期待。南浔区文化和广电旅游体育局扎实贯彻相关精神、把脉相关文化政策，启动“一镇一品”工程，挖掘南浔各镇各村本土文化资源，出版当地文化著作，传承发扬南浔各村镇的文化魅力。“浔迹丛书”应运而生，该作品由南浔区文化和广电旅游体育局及南浔区图书馆联合出版，涉及南浔各地历史、人物、“非遗”、诗歌、方言等文化记忆，系统展示了南浔长时间沉淀的文明成果和拥有深厚底蕴的历史文化。

日月星辰，齐旋躔度。两年来，当地机关干部、专家学者围绕南浔文化，对古籍点校、书画专辑、老照片集、乡村记忆等建言献策、尽心尽力。截至目前，“浔迹丛书”已累计出版一辑五册，即将发行的第二辑“浔迹丛书”包含《蒙溪杂录》《话说菱湖》《石光淙淙》《和孚故事》和《希望沃野》。至此，全区十个镇（开发区）的文化著作全部完结。这些作品，不仅是对南浔地域文化的一次深入挖掘，更是展示南浔独特魅力、讲好南浔故事的现世书卷。

2018年5月

目　录

前言　美丽和孚……………………………… **1**

第一章　和孚的历史留痕…………………… **3**

历史遗存 ………………………………………… 4

建置演变 ………………………………………… 5

第二章　和孚的自然环境…………………… **9**

宜耕宜桑的平原 ………………………………10

宜闲宜憩的山脉 ………………………………11

宜渔宜航的水系 ………………………………11

宜居宜人的气候 ………………………………13

第三章　和孚的名胜古迹………………… **15**

名闻遐迩的南苕胜境 …………………………16

数以百计的古桥遗存 …………………………18

相对完整的古代民居 …………………………35

文明厚重的古代遗址 …………………………41

第四章　和孚的历代名人………………… **51**

第五章　和孚的民间文化………………… **81**

民间传说 ………………………………………82

民间歌谣 ………………………………………90

民间谚语 ………………………………………92

民间谜语 ………………………………………93

民间舞蹈 ………………………………………94

第六章　和孚的传统民俗………………… **99**

生产习俗 ……………………………………… 100

生活习俗 …… 106
居住习俗 …… 113
卫生习俗 …… 119

第七章　和孚的古村风貌 …… 121

和孚村 …… 123
长超村 …… 124
重兆村 …… 126
荻港村 …… 128
新荻村 …… 132
民当村 …… 136

【附录】 …… 141

前言

美丽和孚

和孚镇隶属浙江省湖州市南浔区，位于湖州市东南，东临双林，南连菱湖，西界道场，北接八里店，政府所在地为袁家汇，因镇区内有“和孚漾”而得名。和孚镇是2001年6月由原和孚、长超、重兆三镇合并而成。全镇区域面积97平方千米，截至2019年底，总人口52366人，其中农业人口49669人，耕地面积39369.66亩，其中水田38896亩。有桑地12220亩，内塘11817亩。下辖22个行政村、3个社区居委会。这里是南浔区唯一同时拥有山地、平原、水网的乡镇，有着“二山二水二古镇”丰富的自然资源。和孚镇东邻龙头山，南濒和孚漾，西依龙溪港，湖山相映，风景秀丽，属杭嘉湖平原典型的湖群鱼桑粮区中心的低洼地区，拥有两千五百多年历史的“和孚桑基鱼塘系统”，2017年11月23日被联合国教科文组织誉为“世间少有美景、良性循环典范”，经联合国粮农组织（FAO）评审，正式认定为全球重要农业文化遗产（GIAHS）。和孚镇具有江南水乡得天独厚的自然环境优势，素有“丝绸之府、鱼米之乡”之美誉。

和孚，是一个名字，也是一个地方。但在我的记忆里，又不尽然。从她绵延的发展历程中，我们能够体会到她的厚重，还有迷人的风采，所以，我们把这本册子的名字叫作和孚故事，并请读到这本册子的人跟我们一起去了解她、感悟她，也真诚地喜爱她。

和孚故事

第一章 和孚的历史留痕

历史遗存

一个村庄，一座乡镇，或远或近都有其历史，或多或少都有可以寻见的历史痕迹。和孚在演进的过程中也留下了清晰的历史印迹。

这块土地从原始社会晚期的新石器时代就已经有人类居住。大禹治水时，湖州已是陆地。天下分为九州，湖州地区属扬州之域。

和孚境内有四千七百多年前的钱山漾遗址；1985 年，和孚镇重兆北村坝桥出土了马桥文化的“青石凿”；有金旺里的新石器时代遗址；有乌弯的春秋遗址；有双福桥村磨亿埭的新石器时代遗址；有长超村徐家南新石器时代至秦汉时期遗址；还有长超村先秦时期的古墓群……它们是和孚历史悠久的见证。祖先早已在这块荻草遍地的水乡泽国繁衍生息，从事渔猎、农耕、蚕桑活动，创造了辉煌的历史。

公元前 2700 年，部落酋长防风氏在德清县二部乡封山、昌化、下渚湖等地建立防风国。

商末时期，周泰伯开吴地，立为勾吴。

公元 589 年，隋文帝统一全国，废郡置州，废去吴兴郡，将乌程、武康、长城（今长兴）等地合署，因地滨太湖而得“湖州”之名。和孚一直隶属于湖州。

唐代，和孚镇便已有史可循。据清同治《湖州府志》录唐玄宗天宝年间记载：“唐释皎然募建塔影桥。”

唐大历七年（772），颜真卿任湖州刺史时留下横山（衡山）《石柱记》，载：“衡山帝颛顼冢，春秋九兹城。”衡山即横山，原属云溪村，现属云东村。

唐大历八年至十一年（773—776），“烟波钓徒”张志和便在苕溪间往来游钓，自适湖州东南思溪、重兆之间。昔有泊宅村（即双福桥村、东泊自然村），即志和游钓泊舟之处。

据《湖州府志》记载，演教禅寺、双福桥罗汉寺以及长超村广济寺都始建于唐代。悟空院（后改正福寺）和新胜村净业院等唐代建筑也在《吴兴志》中可查。

宋代进士王质时任武康县令，途经荻港龙溪港古渡口，留下两首《夜泊荻港》诗：“落日人家已半扉，隔篱问答语声微。桑枝亚路蝉争噪，一似南村割稻归。”“野火参差度暗光，萧萧蒲稗自生凉。夜深云上无星斗，古树阴沈觉许长。”

宋代方芍慕张志和高风亮节。为纪念张志和曾在东泊村置田筑室，后渐成市，名东泊市。清同治甲子被兵焚烧。

据清光绪《归安县志》记载，元代知州唐棣墓和元代廉访司事宇文公谅的墓都在湖州东南长超村。乾隆《苏州府志》载，苏州府同知严觉葬于长超山。沈儆炌，万历十七年（1589）进士，竹墩人，历任副都御史巡抚，南京兵部侍郎，其墓在荻港镇南上堡。

宋元时荻港镇聚市上堡，明嘉靖年间倭寇扫荡，居民北徙下堡里，形成荻港镇。万历三十六年（1608）四月上旬至五月下旬持续降雨，平地水高丈余，庄稼全毁，百里无烟火。

清雍正七年（1729）行顺庄法，137 庄有“湖跌市”（即今和孚镇）。乾隆《苏州府志》记载，湖广巡抚费金吾雍正八年（1730）祭葬县东长超山。小浮山人李宗莲《金盖山志》卷四记载：“金盖山二十八景中有‘荻港夜泊’景点，即现新荻村上堡‘古渡口’。”

上下五千年，和孚从历史的烟云中走来，一路上留下了斑驳陆离的文明足迹，她属于过去，也必定属于未来。

建置演变

历经时代风雨，和孚有着纷繁复杂的建置演变过程：

商代时，和孚地属勾吴。

周武王时期，大约在公元前 1066 年，和孚归属吴国管辖。

春秋战国时期，诸侯混战、社会动荡，和孚的归属也经历了多次改变。元王三年（前 473），越灭吴，和孚地属越国。显王三十五年（前 334），楚国打败吴国，和孚又归于较之更强大的楚国。楚考烈王三十五年（前 255），春申君黄歇在其封地内筑城，由于当地多菰草，城西溪泽菰草弥望而得名“菰城”。现湖州南郊金盖山下的菰城遗址作为全国重点文物保护单位，便是湖州城的滥觞。

秦王政二十五年（前222）在菰城设置乌程县。从此直到三国时期，和孚一直地属乌程县。

隋仁寿二年（602），置州治，以滨太湖而名湖州，湖州之名从此始。

宋太宗太平兴国七年（982）于乌程县东南十五乡设置归安县，和孚地属归安县。

元、明、清三代，和孚沿宋时建置。

清雍正七年（1729），和孚地属归安县十三都。

“中华民国”元年（1912），合并归安、乌程两县建置吴兴县，和孚开始地属吴兴县辖治。

1949年，中华人民共和国成立以后，原有的行政区划发生改变：

1950年5月，荻港镇划分为荻港镇、新荻乡，分开建置。

1956年4月，荻港镇、新荻乡与和孚镇合并为荻港乡。

1958年10月，受“大跃进”“人民公社化”运动影响，荻港乡、长超乡、常路乡合并建置长超人民公社；1961年，又调整为独立的荻港、长超、常路三个公社。

1981年5月，撤销吴兴县，改称湖州市。同年7月，撤销嘉兴地区，湖州市改为省辖区，建立城区、郊区两区，和孚镇属湖州郊区辖区。

1984年，随着人民公社制度被取消，荻港人民公社改为荻港乡；同年9月，荻港乡改为和孚镇建置。

1988年11月，撤销湖州市城区、郊区建置，实行市县制，和孚镇直接归属湖州市管辖。

2001年，和孚镇、长超乡和重兆乡合并为和孚镇建置。

2003年，湖州市撤销城区、南浔区和菱湖区三个区，设置吴兴区和南浔区两个行政市辖区。和孚镇属南浔区辖区，直到现在。

和孚，一个小小的镇子，却有着悠久的历史。在这漫长的时光里，晨曦与晚霞映衬着这块富饶的土地。这里凝聚着和孚镇百姓千百年的劳动与智慧，他们朴实、勤劳、勇敢、智慧，其开放、包容、进取的精神一直延续至今。历史的长河淹没了曾在这里生活过的人们，却磨灭不了留在这里的和孚精神。

和孚故事

第二章 和孚的自然环境

和孚镇具有良好的自然环境，是天然的鱼米之乡，宜居之地。

和孚地理位置优越，南距杭州 80 千米，东接上海 150 千米，北临 318 国道，东接 320 国道，湖盐线、湖菱线两条省级公路与杭湖锡线、长湖申复线两条黄金水道穿镇而过，申嘉湖高速公路、乍湖铁路均贯穿境内，水陆交通十分便捷。

天赐息壤于和孚。和孚的土壤以水稻土的青紫泥田和半青紫泥田为主，占土壤的 70% 左右，土壤有机质和含氮量较高。这里土壤的物理性质、水分和气候条件适宜于水产、珍珠养殖和桑蚕、水稻、白扁豆及菱角等作物的生长。和孚镇水域面积较大，现有各类养殖水域面积 2.7 万亩，主要以池塘养殖为主。和孚为浙江省淡水鱼养殖重点地区，也是全国三大老池塘养殖中心。四大家鱼养殖、珍珠养殖、菱角种植都成规模。据湖州市和孚镇 2019 年国民经济和社会发展统计资料记载，截至 2018 年，耕地面积为 39369.66 亩，其中水田面积 38896 亩，内塘面积为 11817 亩，桑地面积为 12220 亩。

宜耕宜桑的平原

和孚镇地处长江中下游冲积平原，地属江南典型的水乡河网平原——太湖流域和杭嘉湖平原，有明显的潟湖地貌，平原沃野，地势由西向东趋向低平，境内河流纵横交织，荡泊连片，地表及地下水均较丰富。以地势平坦的水网平原为主，又称湖塘型平原，是典型的湖群湿地。整个和孚镇辖区内，主要以鱼塘、河道、桑地、稻田为主。

耕地以圩田为主，圩田四周高，中间低。因地下水位高，一般圩埂植桑，成为传统的桑基圩田。因水源充足，土壤肥力较高，构成了旱地种桑、水田种粮、池塘养鱼三级立体综合利用发展的生态农业生产模式。粮食、桑树、渔业面积一般各占三分之一，俗称“三三三”制农区。

全区河网密布，属典型的水网平原。苏南运河（镇江谏壁—常州—南浔）全长 224 千米，贯穿江苏省经济最发达的常州、镇江、无锡、苏州等地，沟通了长江、太湖水系，与上海、浙江等周边地区的省际河流相连。浙江段

（南浔—杭州）全长120多千米，连接太湖水系和钱塘江水系，分为东、中、西三条路线，一般以东线代表运河的位置，河道狭窄、弯曲，终年可通机动船舶。

和孚镇被誉为“中国古代鱼桑之乡”。2017年，和孚镇被列入省级渔业特色农业强镇，是四大水产品苗种基地，水产养殖业、苗种业闻名全国。年培育苗种40多亿尾，主要品种有罗氏沼虾、南美白对虾、蟹苗、四大家鱼等，淡水鱼总产量达27885吨。

宜闲宜憩的山脉

和孚镇有南浔区的最高峰长超山，海拔98.5米，近郊和孚漾、横山漾边还各有一座小山，为龙王山和倪横山。据《归安县志》载：“‘长超山，即湖趺山，在县东南二十五里。《统记》云，汉蓟子训隐于余不乡，卒葬湖趺山。’《吴兴志》，‘其岭有塔，今圮。’康熙《归安县志》：‘山有净居寺，寺西游仙人潭，水清冽。山顶有浊水潭，俱大旱不涸。南有半路亭，即寺外山门也，今废。’”

宜渔宜航的水系

和孚镇水系发达，属于苕溪水系，出自天目山，河网密布。内塘面积为12765亩，外塘面积为7395亩，为全市主要的湖塘型平原。境内河港由南向北，由西向东，均流入太湖。主要水系有东苕溪、思溪塘、京杭大运河以及和孚漾等。

东苕溪，又名龙溪、霅溪、仇溪、余不溪等，出自天目山平顶山大煤坞，经临安、余杭，自德清县乾元镇始折而向东北至千山，经东林镇、菱湖镇及和孚镇至湖州城东三里桥，与頔塘相连，进大钱港后入太湖。据明朝庞太元《菱湖志》载，龙溪之名因“形若龙回故名”。东苕溪是全境工业用水、农业用水的主要来源，也是船只赖以运输的主要河道。东苕溪在境内是调节旱涝的主要水利交通大动脉，连通京杭大运河。

余不溪：据清代金友理撰《太湖备考》卷一记载："余不溪发源于天目山之阳，东过临安县治，又东过余杭县入钱塘县界为安溪，又为奉口溪。东南入德清县界仍为余不溪。县境之水皆来会，又东散入于桐乡。又分支为北流水，本溪东行二十里入归安县界，至敢山过菱湖西北，过荻港又西，与前溪水合。乌程诸山源发为溪港者皆来会。又北经岘山漾与北流水合，入江子汇为霅溪。"

思溪塘：据清光绪十九年（1893）浙江舆图局绘制的《浙江全省舆图并水陆道里记》中《归安县五里方图》记载，思溪从和孚漾东口分苕溪之水向东北流，至五里塘分出一支东南流，即为思溪横港。思溪流至长超山南的山前漾，转而向东南流，经过思溪市、双开市、石淙市，在方家漾和西来的吴兴塘河汇合，总长 38.3 里。思溪横港从五里塘开始向东南流，穿过思溪市和双福漾，在重兆南嵩塘桥与西北来的长超港汇合，这段总长为 29.3 里。思溪一直是湖州东南水路的交通节点，东通双林嘉兴，南连石淙千金，南下菱湖杭州，西去和孚湖州，四通八达。

和孚漾：又名湖趺漾，在湖州城东南 11 千米南郊风景区内，面积约 2600 亩，碧波荡漾。漾四周均有繁茂的桑园，间有鱼塘。游人四季可垂钓，秋冬还可看到渔民用网拉塘（捕鱼）时丰收的喜悦情景。和孚漾与横山漾东西相连成为姐妹漾。据宋谈钥嘉泰《吴兴志》卷五记载："湖趺漾，在归安县西南二十五里。《统记》云：蓟子训卒，葬湖趺山。即其旁山也。《旧编》云：广二百顷。"

吴兴塘：《归安县志》载："吴兴塘（《吴兴志》），在城东南二十三里，太守沈攸之所建，灌田二千余顷（《元和郡县志》案今在一百十五庄重兆。）"

另有双福漾、倪家溪、横山漾、山前漾、重兆漾、薛家漾、慎家漾、北光漾、王母漾、东泊漾、莫家塘等，织就这里的密布河网。

宜居宜人的气候

和孚镇属北亚热带季风性湿润气候区，特点是：季风显著，四季分明；雨热同季，降水充沛；光温同步，日照较少；气候温和，空气湿润；地形起伏高差大，垂直气候较明显。受南北暖寒气流影响，夏季高温多雷阵雨，冬季寒冷干燥有霜冻。初霜最早在 10 月 22 日，最晚在 12 月 4 日，一般在 11 月 16 日前后出现。终霜最早在 2 月 23 日，最晚在 4 月 16 日，一般 3 月 10 日结束。全年降雪平均 10 天左右，1 月最多，近年因气候变暖，降雪仅 2—3 天。全市年平均气温 12.2—17.3℃，最冷月份为 1 月，平均气温 -0.4—5.5℃，最热月份为 7 月，平均气温 24.4—30.8℃。无霜期为 224—246 天，10℃期间天数为 200—236 天，10℃期间活动积温 3800—5130 度，年日照时数 1613—2430 小时，年太阳辐射总量 102—111 千卡 / 平方厘米，年降水量 761—1780 毫米左右，年降水日数 116—156 天，年平均相对湿度均在 80% 以上。风向季节变化明显，冬季盛行西北风，夏季盛行东南风，3 月和 9 月是季风转换的过渡时期，一般以东北风为主。年平均风速 1.7—3.2 米 / 秒。全年日照为 45%，气候温和宜人。

和孚故事

第三章 和孚的名胜古迹

和孚镇是一个典型的江南水乡，名胜古迹多，那些古村落、古建筑和古桥等都在诉说着漫长岁月里的前尘往事。勤劳的人民用智慧和双手建设着自己的家园，同样构筑着属于他们自己的人生追求与家族文化。这些古村落别具一格，古建筑气骨充盈，古桥静卧清波，连同其故事，搭建起历史与未来的对话。小桥、流水、人家古韵犹存，讲述着岁月静好和市井繁华。鲜活的不仅仅是过去，还有现在与未来。

名闻遐迩的南苕胜境

南苕之水自南而来，在荻港沧泛为文明之珠，并形成了以南苕胜境为代表的文化名苑。南苕胜境位于湖州东南约 10 千米，地处和孚镇荻港村东南，始建于元末，形成于清代乾嘉盛世年间。据《云怡志略》载，元季信州路总管庞石舟隐居荻港，筑溪隐堂供纯阳吕祖像。清乾隆三十四年（1769），里人朱南屏重建，乾隆四十三年（1778），里人章适翰又续建，历经三年建成，费白金五千两有余。后由章氏第九世章遹翰等人发起捐地助资拓建，花费四千多银圆建成南苕胜境。改纯阳楼为吕祖殿，新建积川书塾、读书处、涵养居，并筑放生池，上架石梁桥，大门悬“南苕胜境”额。改建后的吕祖殿颇具规模，为楼井式结构，楼中不铺板，围以木栏，可扶栏绕行，崇拜吕祖，上楼则可临窗远眺，隐约苕云，俯视则苍松、老梅尽收眼底，美不胜收。清嘉庆五年（1800）四月，湖州知府善庆，以荻港吕祖庙“祷雨祈晴，历著灵验”为由，请浙江巡抚上书奏请嘉庆帝钦赐加封，嘉庆十年（1805），皇帝钦赐国加封，御书“玉清赞化”匾额，匾额下方有菊花、太极图、莲花和梅花阳刻四图，并钦赐“警化孚佑帝君吕纯阳祖师祠”额，南苕胜境迎来了鼎盛时期。南苕胜境是一组建筑群，其中以云怡堂、积川书塾最为有名。据同治《湖州府志·祀典》所载，荻港吕祖庙为地方官每年应祭祀的庙宇，可见作为道教圣地的南苕胜境昔日香火之旺。

清同治三年（1864），太平军和清军曾在荻港及附近有过一次交战，南苕胜境建筑在战火中被毁。光绪年间得以重建，但规模已不能和乾嘉时相比。

南苕胜境遗迹

"文化大革命"十年浩劫，又给南苕胜境带来了重创。

整个建筑中，入门为放生池，池方数十丈，跨石梁南为积川书塾。东西庑乃"读书处"，涵养居登堂为"云怡后堂"，祀关帝。升楼是"文昌阁"，后为"纯阳楼"，像礼纯阳真人。真人以儒者得谷神不死之秘，阐忠孝以觉世。自唐以来显道神德，浩气周流，斯地诚奉。疾祷者灵，迹尤著，故土人呼为祖师堂也。

云怡堂建于乾隆三十四年（1769），由荻港人朱南屏建于元代庞石舟溪隐堂故址。分前后两进，前为文昌阁，后为纯阳楼，是道教设坛的地方。堂内曾保存全部《道藏经》，分十座樟木书橱存放，并有石碑记载昔年得书经过，现藏于湖州市博物馆。

积川书塾原为荻港章氏私家书塾。荻港章姓是村里的名门望族，章氏第六世霞桴公嘉猷弟兄三人，鉴于科举考试为读书人跻身仕途的唯一途径，事关个人荣华富贵和家庭荣宗耀祖，因而重视教育，培植子弟，代代相传，后由章氏十一世振麟堂后人章芩创建。书塾迁入祖师堂后，取名为"积川书塾"。"积川"二字取自荀子"土积成山，水积成川"，意为希望培养出更多熟谙诗书的读书人。乾隆戊申年（1788）夏，吏部右侍郎朱珪督学浙江时游历至此感叹："于斯治心讲学，可以挹山川之秀左右逢源矣！"游后撰《积川书塾记》。晚清著名画家费丹旭，于道光二十一年（1841）三月游南苕胜境后曾赋诗赞道："自是春寒花信迟，梅花千树雪参差。回廊绕遍阑千曲，却好朦胧月上时。"

积川书塾以训子弟及乡里之善读书者，亲授以法，乃徐示以性理之学谆谆以敦行、立品为教诫，数年后进皆恂恂，雅饬风气一变。执教的老师，以章姓为主，多为博学多才、德高望重之士，因而时有不少学生慕名负笈而来。在清代两百年间，积川书塾共培养出了五十多名进士，一百多名太学生、贡生、举人，名噪一时，魁星阁也因此而建。

今存八角形放生池为长方小抹角的放生池，池中南北向架五孔石梁桥，桥长 21 米，宽 1.55 米，青石栏望柱六对。这种常见于唐宋时期寺庙的鱼沼飞梁建筑形式，一直沿用至清代的道观，实不多见。四面厅台基中有八卦图，南面垒有假山一座。汉白玉吕纯阳石碑残高 1.3 米，宽 0.55 米，额篆书"警化孚佑帝君之山真像"，碑身雕吕纯阳像，落款为光绪九年（1883）夏五月。炼丹台遗址位于四面厅台基的东面，面积约为其一半，二者之间置荷花池。两棵古树郁郁葱葱，与遗址风貌相得益彰，古意盎然。

数以百计的古桥遗存

和孚镇属苕溪水系，河港纵横，水网如织，古桥众多，自然村落临水而建，依水而存。村与村、墩与墩，无船路不通。独特的地理环境，使千百年来建造的石质有别、风格迥异、形式多姿的古桥众多。有村落就有桥，村桥相通；有庙就有桥，桥庙相连。前辈们修桥、铺路、建凉亭，给后人留下了丰厚的善德文化遗产。据《归安县志》记载，和孚境内有古桥 106 座。随着历史的变迁，时代的发展，交通设施的完善更新，公路桥梁的不断建成，有些古桥已湮灭在历史的进程中。和孚镇保存至今有特色，仍作交通实用及旅游景点的古桥梁有 70 多座，其中单孔石拱桥 20 多座，单孔、多孔石梁桥 50

多座，列为文物保护点的桥梁21座。可见刻石铭文中建造年代最早的为宋淳化三年（992）的张村青龙桥。双福桥村的安丰桥为宋乾道三年（1167）五月二十一日建。张村的银子桥为宋淳熙十一年（1184）九月康中林建造。《湖州府志》记载建造年代最早的为“唐释皎然”募建的荻港上堡塔影桥。

和孚镇古桥和江南诸多古桥一道，承载着古代先民对生活的美愿与历史的变迁，心灵的向往与智慧的凝聚，家国的情愫与故土的欢歌……小桥成为多少人的家国记忆和思乡情结，既有历史文化价值，又有观赏传承意义，诠释了中华民族的聪明才智、审美情趣和人文情怀，也为中国古代桥梁建筑史添上了浓墨重彩的一笔。以下有特色的古桥，展示了古镇风貌之一角。

长春桥位于荻港南苕胜境西侧，是一座东西走向的单孔石拱桥，为桥涵码头。桥拱券为纵联分节并列式砌筑，有券睑石，金刚墙为错缝平砌，东西各设台阶八步。原桥面的桥栏、望柱、抱鼓石均已不存。现桥为2005年在原址重建。据《湖州府志》记载：“长春桥乾隆间顾氏兄弟建。”据民间传说，顾氏兄弟系新荻上堡村西舍墩人，康熙年间，顾氏兄弟力大无穷，考武举不第，即与埭汗盗首秦方合伙为伍，经官府缉拿教育，居里经营发家后，为报答家乡而建。另有传说，顾氏兄弟是孝子，发家致富时母病，承蒙纯阳祖师医复。时值荻港章氏建造南苕胜境、纯阳祖师祠，为方便行人，做善事，谢祖师，顾氏兄弟在祖师祠西侧河上建造了长春桥。

乐善桥是清代建筑，位于荻港村，为桥涵码头，是一座东西走向的单孔石梁桥，其金刚石坚墙为块石错缝平砌。系梁石两端饰有“吞水兽首”，五块花岗岩长条铺设，护栏为武康石。立望柱四根，顶部雕立石狮。桥面图案为“法轮常转”，设台阶两步。乐善桥建造年款为“嘉庆四年吉立”“上岩募建”。里人唱荻港十座桥的山歌有“烧香念佛乐善桥”之句。

庙前桥又名八字桥，始建于明朝末年，重建于清同治年间。位于荻港村外巷埭水路要埠，紧傍古运河龙溪港，是一座南北走向的三孔石梁桥，形状酷似八字，故称八字桥。南北各设台阶五步，两侧桥栏雕有石雕图案，中孔系梁石两端为兽首，边孔系梁石为如意花纹，桥心石有菊瓣纹，桥栏板石两端图案由各种花卉组成，桥体纹饰具有南宋风格。桥墩上方刻有龙之图案，为九龙其中一支。桥两端连接石板路，颇具江南水乡风韵。相传，凡在外经商、读书或做官的荻港人回归故乡时必须要走一走八字桥，以示财运、官运四通八达。据清光绪八年（1882）陆心源等纂《归安县志》载，庙前桥即总管桥。传说，浙人谢诸一行四人在金龙山读书，北宋亡，决心以死誓杰，被封为河神。里人受命祀典建“金龙四大王河神庙”，该庙建在河边上，紧挨庙前桥（现存有庙基柱石四块），因庙前建桥，故称庙前桥。该桥在清同治年间，由荻港状元陆润庠重修。

太平桥俗称扬家桥，位于荻港史家村扬家汇南侧，为桥涵码头。南北走向，南北各设台阶八步，为单孔石梁桥，以武康石与花岗岩混砌桥墩。金刚墙与系梁石均为花岗岩，石栏为武康石建造，落款刻有“太平桥”“嘉庆二十三年吉立”“里人重立”。桥面中心图案为“银锭嵌双笔，两个如意头”，意为“必定如意”。据清同治十三年（1874）刊本《湖州府志》载：“太平桥，嘉庆中里人章梦龄重建。”章梦龄是荻港承志堂十世孙，章遹宁次子，生于乾隆十四年（1749），桥落款为“嘉庆二十三年建”。此桥是章梦龄七十大寿时所建，意为祈福太平。

东汇桥俗称东史家桥，位于荻港史家桥片史家港东端，清代建筑，为桥涵码头，是一座南北向的单孔石梁桥，设台阶七步，桥面石板直接铺设于金刚墙上，金刚墙体为靴钉式砌筑，桥面由四块花岗岩条石组成，有护栏抱鼓石，桥心石纹饰由笔、银锭、如意图案组成，寓意“必定如意”。始建年不详，清中期重建，保存良好。

积善桥位于荻港里巷港中段，为桥涵码头。桥呈南北向，为单孔石梁桥，桥墩由花岗岩条石并列而筑，桥面由四块花岗岩条石铺筑，桥面两侧石坐栏为整条武康石，南北各设台阶五步，桥为石构件混合。明朝始建，今见年款为“乾隆庚戌小春”“聿新章大兴建”。

余庆桥位于荻港钞田港上，建于1751年，2003年被列为湖州市文物保护点。其为南北走向的三孔石梁桥，为桥涵码头。金刚墙用花岗岩条石错缝平砌，与桥墩连为一体。桥面块石及护栏均为花岗岩，立望柱石八根，束腰顶部饰有仰莲花瓣。望柱及抱鼓石均为武康石，南北各设台阶十步。桥长

18.80 米，高 4 米，宽 2.8 米。前桥始建于北宋，时值吴越纳宋，里人集资兴建，取天下太平之意，定名“太平桥”。太平桥桥石落款今遗用在桥北小店墙基边，字迹可认。明建文元年（1399）重建，改名草田桥，有建桥碑记可证。该桥清乾隆十六年（1751）由章有大率里人重建，改名余庆桥，取意于乾隆母七十大寿天下名联“嘉节号长春，积善纳余庆”之句。今见建桥落款为“龙飞，乾隆辛未拾月里人重建”，镌有“杨鲁望捐桥面二块”。

秀水桥始建于明代，清嘉庆年间重修，位于荻港里巷港西端，横跨集镇市河，南与章鸿钊故居相邻，为湖州市文物保护点，是一座南北走向的单孔石拱桥，全长 11.8 米，宽 3 米，顶宽 2.2 米，高 3.25 米，拱矢高 2.70 米，桥额镌刻“秀水桥”名，无落款，拱肩部间壁石，纹饰细腻，形象生动。拱券采用分节并列式砌筑，上压券睑石。上系梁雕石刻龙首纹饰，下系梁石为素面。桥栏采用望柱石板构，石栏置望柱石八根，线条简练，望柱石顶部四根柱头雕坐狮及覆莲，相面而对，其余作圆形镌覆莲纹。石栏两端置抱鼓石，南北各设台阶十步。长系石镌有楹联：

秀水桥（荻港村）

水流荻溪清如镜，虹锁苕源秀满川。

□□□□卧月影，环山道远夕阳红。

隆兴桥位于荻港西家汇，东西走向，横跨于龙溪港支流，东连荻港集镇里巷埭，为三孔石梁桥。全长16米，起步宽2.86米，高3.70米，中孔跨度6米，边孔跨度各3米。桥墩上窄下宽呈梯形，由花岗岩条石错缝平砌，金刚墙与桥墩砌筑方式一致，桥墩建筑风格别具一格，为湖州水乡少见。两侧桥堍为金刚墙，西南侧金刚墙内嵌“重建隆兴桥碑记”、村民捐赠重建银两功德碑一块，碑文字迹较模糊，为清康熙年间建造。桥面由三块花岗岩条石铺设，加横铺武康石板块，梁板结构，南北各设台阶十二步，桥堍设台阶三步。此桥为湖州市文物保护点。

隆兴桥（荻港村）

三官桥桥额为永庆桥，位于荻港三官村三官庙前，俗称三官桥，为一座南北走向的单孔石梁桥，南北各设台阶十步。桥面为梁板结构，护栏间置望柱石八根，均为素面。望柱顶端为束腰仰莲纹饰。栏板尽头置抱鼓石锁定。桥墩与金刚墙用条石平砌。桥面中心图案为“如意图”。始建年代不详。据《湖州府志》记载：“咸丰五年于桥之北境掘出前明建桥碑记，今复失去。”今见此桥墩金刚墙基础东面花岗岩条石，刻有阳文“永庆桥”。字样外用圆圈，落款为阴文“乾隆三年仲冬重建”。抗战时期，三官桥曾被日寇炸毁桥面，荻港三省堂章荣初重资率里人重建。现存有“荻港镇重建三官桥碑记”一块。三官桥青藤缠绕，古朴壮观，保存良好，为湖州市文物保护点。

舍西桥位于荻港村，横跨于吴家港上，为东西走向的单孔石梁桥，桥两端设台阶五步。桥墩由武康石与花岗岩混砌，石壁型桥墩与金刚墙合为一体，桥面为梁板式结构。桥心镌有“四季如意”吉祥花纹图案，由吴承恩建于明嘉靖年间，清乾隆五十八年（1793）重建，现保存良好。

《西游记》作者吴承恩嘉靖晚期任长兴县丞，与荻港族亲、状元沈坤交往深厚。时值荻港吴氏族中连续出了几位进士，遂建造宅院“清远堂”“敬聚堂”“凝香堂”等，当地俗称“舍上”。舍上西边的河港称“吴家港”，港西（舍上西）建有吴氏宗祠。吴承恩与吴氏同宗，加上沈状元的情谊，为舍上吴家与港西吴家宗祠通行方便，建造了“舍西桥”。

东胜桥位于新荻上堡港东端，旧作东圣桥，为南北走向的单孔石拱桥。单孔跨度为 6.9 米，宽 3.2 米，高 5.4 米，有台阶十二步。桥拱券为分节并列式砌筑，拱券上方有券睑石，金刚墙用花岗岩条石错缝平砌。原桥栏石及望柱石、抱鼓石于 1970 年塌毁无存。桥拱券与桥面保存完整。桥面中心图案为“法轮常转”。间壁石刻有楹联：“桑阴蛙畔接康庄，樟树村南占利步。西联塔影束虹青，北倚庙基排雁齿。”东胜桥于清咸丰三年（1853）由里人重建，为湖州市文物保护点。

塔影桥位于新荻村上堡港西端，为南北走向的三孔石梁桥。中孔桥墩由四块花岗岩条石竖向并列组成，金刚墙为错缝平砌垒成，桥额为阳文楷书“塔影桥”。两侧可见“乾隆辛亥年冬月吉立”“民国丙寅年春，家姓重建”字样。据《湖州府志》卷二十三“舆地略津梁”记载：“塔影桥在净光庙前。”《荻溪纪胜》载：“桥为唐释皎然募建。”皎然姓谢名昼，字清昼，湖州长城人，谢灵运十世孙，天宝三年出家润州长干寺，天宝年间云游至荻港定居净光禅寺，同族谢氏亦在附近居住，建有谢家湾、谢介田村落。皎然为当地百姓便于通行，募资在净光寺前建桥。净光寺前有宝塔，塔影倒映水中，因此，皎然将所募建的石桥定名为“塔影桥”。至今，塔已毁，桥还在，保存良好，是新荻村上堡港“一港三座桥”中的一景，成为旅游观光的景点。

开禧桥位于和孚村袁家汇。据清陆心源等纂《归安县志》载，即袁家桥，为东西走向的三孔石梁桥，石壁型桥墩，桥面有护栏石、望柱石，望柱石顶部为覆莲，栏板石两端置抱鼓石。为方便行车，桥面已被水泥覆盖，原貌不再。开禧为南宋宁宗皇帝的年号，宋代有用年号做桥名的习惯。建桥所用的石材基本为武康石和少量花岗岩，为清乾隆年间重建。

青云桥位于和孚村，为东西走向的单孔石拱桥，纵跨 6.3 米，台阶设十一步。桥孔采用分节并列式砌筑法，金刚墙错缝平砌，系梁端首石多做素面，券睑石与压栏石形制一致，并凸出金刚墙 5 厘米。桥栏采用望柱石板构

青云桥（和孚村）

造，尽头均置抱鼓石，顶部四根望柱雕有坐姿石狮，已风化。其余为圆形，刻莲纹。桥面图案为“法轮常转”。壁间石刻有楹联：

山脉东回联一线，水形北注砥千秋。

镜悬别伫大都春，□□□□□□□。

五孔长桥俗称长生桥，又称彩霞桥，位于荻港南苕胜境内八卦池塘上。据《荻港云怡堂志略》记载，清乾隆三十四年（1769）冬，荻港朱春阳梦仙师授以“长生图诀”，吕祖示以诗有“彩霞桥畔”“鱼沼层楼”之句。该桥由全真教蔡松友设计，杭州进士王云轩因母病蒙纯阳祖师医痊后致谢捐款而建。该桥建造于1769年至1778年。五孔为水、火、金、土、木五行，长桥总长代表一年，系梁石四块代表四季，桥上望柱石十二根代表十二个月，寓意一年四季十二月平安顺利。池塘中间架桥是道家太极生二仪的创举。为了皇帝的圣旨不走弯路，从大门直进云怡坛纯阳楼而建桥，也是一说。

保隆桥位于陈塔村，为南北走向的单孔石梁桥。十五节并列式拱券上覆券睑石，金刚墙错缝平砌，系端首石均作素面。桥栏石采用望柱石结构，置望柱石八根，上四根望柱石上雕刻有坐狮，栏板尽头置抱鼓石。间壁石刻有楹联：

基拱超峰苞桑永固，源分苕霅钟毓偏奇。

秀迫金盖灵长倚，派贯珠村瑞益增。

德心桥位于荻港演教寺西，为南北走向的单孔石梁桥。已于20世纪70年代毁拆，今仅存刻有“德心桥”的花岗岩桥面板。桥无建造年款，相传为清代同治年间状元陆润庠建造。荻港岐圹路陆家庄陆润庠于同治十三年（1874）高中状元。因他每次升迁调任都有报单送到陆家，开始时陆家发点红包给送报单的差役，多了就承受不了了，便关照将报单送到荻港村演教寺。陆润庠得知此事，为报答演教寺接受报单，就在演教寺西边河道上修建了这座“德心桥”。

马鸣桥位于和孚村，为东西走向的单孔石拱桥，整桥为武康石建筑。拱券为分节并列式砌筑，拱券上方券睑石与桥面石的凹挡间，从右到左一字排列着形似屋面檐口的石制圆椽，每根“椽子”直径约10厘米。截面上各刻有阳文楷书，铭文为“顺治乙未年本村韩有成同妻仝氏重建立”。东南堍金刚墙立面嵌着由太湖石凿成的石龛，石龛浮雕为“赤足夫人坐像”，妇人像上方仍为屋檐式装饰，立面中间有行书铭文“韩仰湖寿图”五个大字。桥体金刚墙为错缝平砌，有间壁石，无楹联，桥立面呈八字形，原有栏板，现多不存。因形制特别，又有清顺治的确切纪年，2011年被列为湖州市文物保护点，可惜在村庄整理中被误拆。经查，当事人阿三在2012年5月联系到买主，并在4日、5日两天拆除古桥，古桥整体块石重约45吨，全部卖给嘉兴新塍。5月12日，由镇长牵头，由镇文化中心、和孚派出所和和孚村村委组成班子，前往嘉兴追回所有古桥块石，现堆放在和孚村金龙寺院子里，期待恢复原貌。

永兴桥位于河东村西洋田自然村，为南北走向的单孔石梁桥。桥全长10米，宽2米，高3.8米，孔径跨度5米，南北各设台阶四步。桥墩由花岗岩、武康石与太湖石混砌，花岗岩三块条石作间竖与桥墩并列组成。有系梁两对。系梁端首为素面弧形，桥面为梁板结构，板石为武康石。桥额“重建永兴桥”为阳文，并刻有“道光丙戌年正月吉立”，道光丙戌年为1826年。永兴桥始建年按石材及形制可判断为明代。现北桥墩已有塌损。为便于车行，桥面与南北台阶已用水泥浇筑。永兴桥南边建有永兴禅寺，一桥一庙，见证着河东村的历史文化变迁。

积善桥俗称藤桥，位于李市村，为东西走向的单孔石拱桥，全长17米，高4.50米，宽2米，孔径跨度6.3米，两边为桥涵码头，设台阶七步。拱券采用分节并列式砌筑，上压券睑石，有系梁两对。系梁端首为素面弧形，系梁下置间竖石，均为素面，为武康石石质。金刚墙错缝平砌，系武康石、太湖石混砌。两边桥墩间壁上有字堂一个，因年久风化，字堂里的文字已无法辨认。桥墩间壁石上为荷花，下为仰莲。东桥墩南侧金刚墙上内嵌太湖石石质的碑记一块，序文为“李墅村重建积善桥施主乡彦开列于后”。碑上刻有四十三名助款人及单位，落款为“大清康熙二十七年岁在戊辰孟秋吉旦立”。额为阴文“积善桥”，始建年款因风化，文字漫漶无法辨认。根据间壁石石纹及金刚墙里的石质分析，积善桥早先是梁板结构的石梁桥，始建年应为南宋，明代重建，清康熙年间重建为石拱桥，清晚期重修。龙门石上刻有阴文“风调雨顺，国泰民安”。现积善桥已是青藤环绕，满桥阴绿。桥面上曾因交通需要，早在20世纪70年代已用水泥铺平，但外观仍不失古桥风韵。

中心桥位于和孚村，为南北走向的单孔石拱桥，有阳文刻“中心桥”。建造年款无法辨识。壁间刻有楹联，为阴文镂空刻字，难辨认。中心桥两侧设台阶十一步，望柱为素面，桥孔发券采用分节并列式砌筑，金刚墙错缝平砌，系梁端首作素面，券脸石凸出金刚墙约4厘米，桥栏采用望柱石栏构成，栏板尽头均置抱鼓石，护栏为武康石建造。中心桥为湖州市文物保护点。

五旺桥位于和孚村，为南北走向的单孔石拱桥。桥上刻有阴文桥额“五旺桥”，落款可见“隆庆□□□□”铭文。隆庆为明穆宗朱载垕1567—1572年间年号，说明为明代建造。桥两侧各设台阶四步，桥孔发券采用分节并列式砌筑法，金刚墙错缝平砌，间壁石刻有楹联，字迹模糊不清，拱券肩部系梁雕刻莲花图案，券脸石与压廊石形制一致，凸出金刚墙约4厘米。须弥座桥栏间置望柱，柱头雕刻或为坐狮，或为莲花，栏板尽头置抱鼓石。五旺桥为湖州市文物保护点。

兴隆桥建于清乾隆年间，位于和孚村金旺里自然村，现保存完好。桥呈东西走向，为单孔石拱桥，全长9米，高3.47米，宽2.40米，孔跨4米，拱矢高3米，分节并列式，拱券上覆券脸石，金刚墙用花岗岩条石错缝平砌。长系石镌有楹联，字迹已无法识别，系梁端首均作素面。桥栏采用望柱石结构，共有望柱八根，望柱均作素面，有损坏，栏板尽头均置抱鼓石。与其他众多石拱桥相比，兴隆桥显得尤为小巧，颇具江南水乡“小桥、流水、人家”的风韵。桥中心图案为“必定如意”。整座桥由武康石与花岗岩混合组成，两侧各设台阶八步。“兴隆桥”系阳文雕刻。2003年被确立为湖州市文物保护点。

保安桥位于和孚村，为南北走向的三孔石梁桥，整体采用花岗岩建造。薄壁型桥墩顶置系梁以承桥面，桥栏采用单栏式，间置望柱，束腰素面，桥堍石阶已被水泥覆盖，金刚墙错缝平砌。“保安桥”为阳文雕刻，有民国甲寅年（1914）里人公立落款。刻有楹联：“和召祯祥资保障，孚能岁裕康安澜。雁齿新排成垣道，虹腰重整利行人。”2003 年被确立为湖州市文物保护点。

锡马桥位于陈塔村，为南北走向的三孔石梁桥，民国两年重建。石壁型桥墩顶置系梁两对，系梁端首为素面，桥面两侧有石板型护栏，置望柱四对，望柱顶端为方形仰覆莲造型，护栏两端置抱鼓石锁定，金刚墙错缝平砌。中孔桥墩柱立面刻有楹联。

东联：愿天常生善人，愿人常行善事。

西联：马渡通过蟹渚，鼍梁直接龙溪。

2003 年确立为湖州市文物保护点。

良济桥位于新胜村，为东西走向的三孔石梁桥，民国六年（1917），众姓重建。石壁型桥墩顶置系梁两对。桥面由条石作护栏，间有望柱四对，柱头方形，顶部饰莲花纹饰。护栏两端由抱鼓石锁定，中间桥墩立面有楹联。

南面：薰德善良永锡尔福，便民利济长发其祥。

北面：桥柱题耒南瞩湖跌萦水脉，河清映列西临金盖抱山灵。

同庆桥位于新胜草田圩，为南北走向的三孔石梁桥。整体由花岗岩石材构筑。石壁型桥墩，置系梁两对，桥面有条石作护栏，间置望柱八根，柱头方形，上有“亚”字开光纹装饰，护栏两端由抱鼓石锁定。金刚墙体似鞋钉式砌筑。中孔桥墩立面刻有楹联。

东面：山势超然东流紫气，洋名月半西挹清氛。

西面：同泽同袍新村组就，大庆特庆略福落成。

桥名为阳文凿刻，落款为“民国十八年里人重建”，保存良好。

泽西桥位于陶介墩村，系东西走向的单孔石拱桥。该桥重建于民国六年（1918），为分节并列式，拱券覆券睑石。桥面有护栏，间以望柱四对，望柱顶端为方形素面，金刚墙错缝平砌。间壁石刻有楹联，因建筑物遮盖，楹联无法识全。该桥为湖州市文物保护点。

万奎桥位于漾东村，系南北走向的五孔石梁桥，全长 25 米，为整体花岗岩构筑。石壁型桥墩，顶置系梁三对。桥面乃单栏式护栏，间置望柱六对，望柱顶端为方形，饰有“亚”字开光纹饰，护栏两端由抱鼓石锁定。桥面中心有“团花”纹饰，金刚墙体以鞋钉式砌筑。中孔桥墩立面刻有楹联：

> 地势接苏常建造复新垂千秋，河流通苕霅津梁利济普群人。
>
> 春日融合西望层峦山色秀，秋月皎洁东瞻群流水光明。

万奎桥于 1823 年重建，1931 年重修。现保存良好。

广陵桥位于民当村，始建年代不详，现保存良好，为南北走向三孔石梁桥，全长 14.5 米，宽 2.10 米，高 3.6 米，南北各设五步台阶。花岗岩条石并列组成石壁型桥墩，顶置系梁四根，系梁端首为素面弧形，石壁型桥顶置系梁两对，以承花岗岩条石桥面，金刚墙由花岗岩、武康石混合错缝平砌。桥面由四块条石组成，中心图案为“团花”纹饰。中孔桥墩立面刻有楹联。

东面：西接超山承兑官之丽□□，位之春熙□□□□□□□□。

西面：虹悬齐日往来人过庆□□，龙卧晴波南北路通欢利□。

桥额乃阳文楷书“广陵桥”。清同治十年（1871）重建。因历史上附近有过宋代及明清时期的商埠市坊、庙宇、墓葬等，广陵桥曾被称为广灵桥、广林桥。该桥多次易名，见证了民当村的历史变迁。

良长桥位于民当村，为东西走向的单孔石拱桥，由武康石和花岗岩混合砌筑。拱券为分节并立砌筑，上覆券睑石，有系梁两对，系梁端为弧形素面。有间壁石一对，金刚墙为错缝平砌。桥面有护栏间隔，置望柱六对，望柱上为仰覆莲造型，护栏两端由抱鼓石锁定。桥心石图案为菊瓣团花纹，周边饰以卷草纹。今见阳文“良长桥”，落款“咸丰丙辰”。桥墩立面楹联为：

南来霅水渚映虹腰，西峙超山秀连螺髻。

碧阴近接鱼鳞屋，翠浪长流雁齿桥。

齐福桥位于长超村，为南北走向的单孔石拱桥，清道光十八年（1839）重建，现保存尚好。拱券为分节并列构筑，上覆券睑石，有系梁三对，系梁端首均为素面，桥面两侧有花岗岩石板作护栏，护栏外侧刻有阴文楷书：“聚庆堂萧喜助栏杆全副”。桥心石为团花纹，四角饰菱花纹，间壁石刻有楹联：

在山径溪间济涉岂惟游子，较石梁幻境往来尤便行人。

带水襟山照影合成圆境，沿乡近市到来活尽生涯。

悦皆桥位于长超村，为东西走向的单孔石拱桥，跨度5.9米。拱券为分节并列砌筑，上覆券睑石，有系梁两对，系梁端首为素面。桥面有护栏，间以望柱四对，柱头分别为蹲狮和仰莲，护栏两端由抱鼓石锁定，桥心石图案由“笔锭（必定）如意”和卷草纹组成，金刚墙体为错缝平砌。间壁石刻有楹联：

东西庐舍潋溪流，南北舟航通贩客。

苕水西来藏曲折，超山东绕郁嵯峨。

悦皆桥于清同治十二年（1873）本里重建，东西各设台阶十四步。2003年，确立为湖州市文物保护点，现保存良好。

安丰桥位于双福桥村湖盐公路南侧，为东西走向的三孔石梁桥。石壁型

安丰桥（湖州市文保点）

桥墩下宽上窄逐渐收起，中孔墩壁有莲荷浮雕字堂，字堂风化严重，似无文字。有系梁两对，桥面南北两侧铺武康石条石，中间铺方形石板。桥东墩壁刻字堂一对，其中有铭文："岁次丁亥，乾道三年五月廿一日重建□亥二□"。桥额为阴文楷书"安丰桥"。乾道为南宋孝宗皇帝年号，岁次丁亥乾道三年，即 1167 年。该桥为湖州市文物保护点，保存完好。

螽斯桥俗称环桥，位于重兆村，保存良好。为东西走向的单孔石拱桥。桥长 17.6 米，宽 2.3 米，孔径跨度为 6.5 米，为桥涵码头，东西各设台阶十三步。拱券为分节并列式砌筑，上覆券睑石，有系梁两对，系梁两端为素面弧形。上系梁为武康石石质，下系梁为花岗岩石质，系梁端首均为素面弧形。桥面花岗岩条石作护栏，为金刚墙错缝平砌，墙体有间壁石，石上刻有楹联，"文化大革命"时期已被凿毁，仅存"利人"二字。桥额为阳文"□□桥"，为清光绪七年（1881）里人重建。桥额前两个字亦在"文化大革命"中被破坏。当地人称该桥为"螽斯桥"。在第三次全国文物普查中，经核实确定环桥即螽斯桥。螽斯是一种会鸣叫的昆虫，繁衍极快，为多子多孙的吉祥物。古时有“螽斯吉祥”的题字，但以昆虫螽斯定桥名实为罕见。

生财桥位于重兆村双市港自然村，为东西走向的三孔石梁桥，全长14.20米，高3.10米，宽3米。金刚墙错缝平砌，石壁型桥墩系梁三对，桥面有条石作护栏，间置望柱四对，望柱顶端为仰覆莲花造型，有抱鼓石锁定护栏，东西各设台阶五步。中孔桥柱立面刻有楹联。

南联：水接东南一方多受益，地分云泊双市始留名。

北联：生理无穷且喜跨虹资利济，财源不竭更看司马快题名。

该桥于清光绪六年（1880）重建。生财桥横跨于双市港上，历史上一桥跨二乡，即重兆、长超二乡，东西二市场，即港东西两边都建有集市小商店，沿河柳成荫，两岸桑柘村。如今，桥沿岸仍是一片生机。2003年，被确立为湖州市文物保护点。

兴隆扶桥位于云北村，为东西走向的三孔石梁，全长25米，中孔跨度6米，边孔4.3米。桥墩由三块花岗岩条石并列组成，其上架系梁两对，端首为素面抹角。金刚墙为鞋钉式，东西台阶为七步。中孔桥墩南北有楹联。

南联：兴到众情颂河朔，隆中幽隐封苕南。

北联：光宗令望乡清华，阴福崇门水利宏。

该桥为阳文桥额，清光绪八年（1882）重建，保存良好。

永安桥俗称银子桥，位于张村。为东西走向的三孔石梁桥。石壁型桥墩为武康石石质，金刚墙东堍为块石垒筑，西边金刚墙为鞋钉式砌筑，桥面已被混凝土覆盖，故桥额未见。中孔石壁上有字堂多个，字堂上为覆荷，下为莲花纹饰，字堂中有文字可辨，中孔西侧北字堂有阴刻“会首张孟雍”“昔□□淳熙十一年九月康中林建造”“会首张贠、张承、张禄□□□”。中孔西侧南一字堂阴文刻“双林镇信士沈□□喜舍重建，沈汪□银壹拾伍两……”据字堂可知，永安桥始建年为1184年，始建人为康中林，双林信士沈□□为重建者。

青龙桥俗称斜桥，位于张村东北角，为东北—西南走向的三孔石梁桥。桥墩为黄色武康石所筑，花岗岩条石作系梁，两条长石架在系梁上，桥面为梁板结构，桥头各设台阶五步，金刚墙为错缝平砌，石壁型桥墩均为武康石。中孔桥墩石壁有多个字堂，字堂上刻荷花，下雕莲花纹饰。字堂中都有文字，现可辨认的字堂有，东边中间有一条字堂为阴文“昔元贞叁年岁在丁酉季在吉旦，园照庵僧崇福重建”。傍其北有字堂“昔正统三年岁在戊午年中秋……”。中孔西侧石壁字堂为“淳化三年岁次□□□癸巳□日建”。桥额为阳文楷书“重建青龙桥”。边上刻有阴文“民国戊午”“里人重建”。据字堂记载可知，青龙桥始建年应在北宋淳化三年，即 992 年，淳化是北宋第二位皇帝宋太宗的年号，该桥距今已有 1028 年的历史。据元贞三年僧崇福重建可知，元贞是元朝第二代皇帝元成宗铁穆耳的年号，僧崇福为元贞三年（1297）青龙桥重建人。正统是明英宗朱祁镇的年号，正统三年岁在戊午年为公元 1438 年，为青龙桥第三次重建的确切年代。民国戊午年（1918）为第四次重建。该桥早在北宋始建，历经时代变迁，至今保存完好，实属不易。在江南水乡古桥中，有如此详尽的建造历史记载，也十分珍贵。

庆元桥位于横港村，2003 年被确定为湖州文物保护点，为东西走向的三

庆元桥

张安桥（横港村）

孔石梁桥。桥面呈弧形，用武康石建造，重修时局部用花岗岩修造。系梁端首为如意形开光内饰花卉纹。中孔桥墩两侧有字堂，字堂上方为覆莲，下有莲花纹饰，因年代久远，字堂里的文字已难以辨认。桥额为阴文楷书“庆元桥”。按石质、形制、风格大致定为南宋庆元年间（1195—1200）建造。为了保护古桥，加固牢度，现桥面用水泥护面，加木质护栏。

张安桥位于横港村史家圩，为南北走向的单孔石拱桥。拱券为分节并列砌筑，上覆券睑石，有系梁三对，拱肩部间壁石所压系梁端首为兽首造型。桥上方有护栏，中间有吴王靠，护栏间置望柱四对，望柱顶端雕刻蹲狮，护栏两端由抱鼓石锁定，金刚墙为鞋钉式砌筑，南北各设台阶十七步。桥立柱有楹联。

东联：波卧云龙樽击空明惊水底，柱题驷马平来远近过桥头。

西联：利涉大川清源西接龙溪水，康庄皇路古迹南依梵庆庵。

“张安桥”桥名为阳文桥额，清光绪二十三年（1897）重建。2003 年，该桥被确立为湖州市文物保护点，保存良好。

广济桥俗称莫家桥，位于佛堂圩（兜）村，为东西走向的单孔石拱桥，横跨在莫家港上。桥东为和孚镇，桥西为菱湖镇。桥拱弧度较大，跨径 7 米。拱券为纵联并列式砌筑，上覆券睑石。拱券内壁有覆荷莲花纹饰的字堂三十五幅，均为资助人留名。龙门石图案为“双龙戏珠纹”。桥面图案为“如意团花”。两侧有双钩楷书“大清康熙庚午年（1690）立”。有系梁两对，一对端首为“霸下”造型，另一对为素面，金刚墙体为错纹平砌。间壁石上有字堂，均为双钩楷书“南无阿弥陀佛”。桥面有石板护栏，护栏由抱鼓石锁定，护栏间置望柱四对，望柱上端分别为圆形莲花和仰覆莲，东西各设台阶十九步。桥额为阳文楷书“广济桥”，两侧为阴文“嘉庆十八年（1813）重建”。2003 年，该桥被确立为湖州市文物保护点。2008 年，和孚镇文化中心会同市文物保护所对该桥进行了抢救性维修。

一座座古桥记载着当地千年的历史，一个个故事诉说着无法割舍的乡情。桥文化在这里发扬光大，更彰显着人们善良、勤劳、乐于助人的美德。

相对完整的古代民居

民居建筑最能代表一个地域的民俗民风，与气候条件和生活方式紧密相连，又承载着不同的人文气息与审美格局。人们把愿景、信念和爱好都镌刻在民居建筑的花纹、色彩、饰物和款式中了。处处是景，步步入画，民居与田园和谐共生动静相宜，这就是游子心心念念的家园。

据清代陆心源等纂修的《归安县志》卷八载：“溪隐堂，在荻港，元庞隆置。元庞隆溪隐堂成次韵诗‘小筑茅屋带碧流，荻花菱叶乱清秋。当年沧海愁赤尾，此日烟波傲白头。地僻只宜营燕垒，名桃何用觅羊裘。桃源只在苕溪上，不羡东陵号故侯。’”溪隐堂是和孚镇最早有记载的堂名，名人与诗歌源远流长。

和孚古代民居以章氏十九座堂最为著名，包括慎余堂、承业堂、振麟堂、鸿议堂、寿疑堂、墨耕堂、凤大堂、芸业堂、成绪堂、凤四堂、三瑞堂、惇裕堂、带碧堂、瑞四堂、凝远堂、聿新堂、三省堂、丛桂堂、清芬堂。朱氏五座堂名分别为鸿远堂、鸿志堂、四本堂、根本堂、春晖堂。吴氏十二座堂是永伦堂、礼耕堂、仁德堂、灯礼堂、华德堂、思敬堂等。

墨耕堂位于荻港炮船浜南，坐北朝南，为章氏第九世孙章适垣始建于清乾隆时期，延建至光绪年间，占地面积4000多平方米，为二轴三开三进东西两备弄建筑。所有楼层建筑均由厢楼连通。现仅存东轴的东西二堂，各为三开间抬梁式结构，是当地富商家族宅第。海宁徐邦达艺术馆馆长章耀是墨耕堂的第十八世孙，系当代著名画家，其居室画斋名用“墨耕堂”，家乡地域文化的韵味依然留存。

振麟堂为章氏第十六世孙章宗祥的故居，位于荻港积善村。建筑坐北朝南，始建于清代晚期。原为三开三进，现存三开两进两楹带厢房，正门为花岗岩条石砌筑的石库门，内有天井，青石板铺地，天井西侧为车木扶手楼，梯与楼厅连接。门厅结构为前后双步用中柱，次间梁架为穿斗式。正厅为内四界抬梁式结构，接前后轩廊，两山墙均为硬山造，俗称风火墙。经维修已成为章宗祥事迹展览的重要场所。

慎德堂位于荻港里巷埭，坐北朝南，建于清代晚期，为荻港朱氏家族所建。现存一进三开间楹楼带东厢房。朱氏家族亦为荻港村的一大姓，系紫阳朱熹后裔。朱氏有多处建筑且均有宅名，慎德堂为其中一宅。

鸿远堂位于荻港里巷埭，始建于清光绪六年（1880），为上海钱庄业巨头朱五楼的故居。原建筑前半部分为雕花门楼三间，有门楼、轿厅、楼厅中堂、再加备弄等，古色花窗，由南至北共三开三进深，两个青石板天井。东厢房朝西，拱式门樘，上有砖雕“鹿洞家声”。东傍部分共三进深，两个青石板天井，前后六间厢楼房，古色雕花栏杆。南天井有古石花坛一座，四周设石鼓凳四只。整个建筑坐北朝南，上漆红色对联两行“远水振家声，文山传书胄”。前为里巷港，后有小河连通钞田港，小汽艇可开至后门桥埠。外墙门楼有砖雕贴面，砖面局部施花卉纹，门楣为木雕，由人物、花卉、舞狮等图案组成。门前有大石元宝一只，颇显当时朱家的财势。20世纪90年代失火，仅存门楼一进四间，余成废墟。鸿远堂作为金融家、国民党元老陈果夫岳父朱五楼的故居，镇政府协同荻港村已于 2015 年按原型修缮，现为荻港古村落旅游景区的一个主要景点。

礼耕堂位于荻港里巷埭西端，为当地富商吴元晋故居，始建于清代中期。坐北朝南，临里巷港而建，有三开四进，东备弄，旁有两开三进附属房。主建筑依次为轿厅、大厅、楼厅、后楼厅。轿厅往内设石库门内八字墙门楼，上有砖雕“积善长春”字饰，为家族明训。大厅内有楼楹、石库门、厢房与后楼厅贯通。礼耕堂为吴氏家族的十二座名宅之一，也是吴氏家族保存至今面积最大的建筑群。堂名取意典雅，寓意丰厚。1966 年，礼耕堂曾是吴兴商校所在地。2016 年，原吴兴商校师生欢聚一堂，在这里召开五十周年校庆。礼耕堂现为重要旅游观光场所。

三瑞堂由章氏八世祖章瑚始建于清乾隆年间，是荻港章氏宅院中规模最大、保存最完整的古建筑群，位于荻港的中心，北临里巷港，坐北朝南，屋宇达六十四间，占地 6000 多平方米。原有建筑由三条轴线和附房备弄组成。主轴线建筑为四进深，厅楼间由义门贯通，现门楼已毁。前为厅堂，统面阔

礼耕堂

12.3 米，统进深 13.31 米，构架用材硕大，梁枋施简练弧线装饰。明间为抬梁式，次间为穿斗式，山墙作观音兜。二进统面阔 11.3 米，统进深 9.2 米，重檐造，山墙作观音兜。明间作抬梁式，次间作穿斗式。中间天井栽有玉兰树、桂花树各一棵，寓意“玉堂富贵”。玉兰树距今两百三十余年，仍苍劲挺立，为胜景之一。三、四两进楼屋，面阔各三间并带西厢房，均作穿斗式建造。两侧次轴线各为两进深。西建筑存平屋两进，面阔各三间。现存中轴线主体建筑，前存平屋三间，后存重檐楼屋三楹，西轴线存偏房。砖雕门楼额书“辑熙纯嘏”。东耳房仅存平房三间。建筑内尚存隔扇和槛窗，制作简练，裙板与木头多作素面，槅心镶有玻璃。章氏第十四世孙、中国地质学科创始人章鸿钊先生于 1877 年诞生在这里。三瑞堂为荻港章氏、朱氏、吴氏三姓大宅三十六堂中保存最为完好的一座。2003 年，三瑞堂被确立为湖州市第六批文物保护单位，已申报省级文物保护单位。历经 2007 年维修、2014 年整修，现为章鸿钊故居，是章先生生平事迹展示纪念的场所。

秀水桥堍五间楼位于里行埭秀水桥南堍，坐南朝北共五间三进。旧时楼

三瑞堂

上为住房，楼下前为店铺，后为作坊，始建于清代中期。秀水桥五间楼是荻港村保留的原汁原味的乡土古建筑，在全国第三次文物普查时，被列为古建筑保护名录。

中央路七间房坐落于新荻村中央路106—112号。七间房属潘氏民居，一家一间，始建于清末，均是前楼后灶，坐北朝南，楼房前设廊，整齐一致。对开大门，花式矮窗为冰花、格子、拼图等样式。七间房保存较完整，只有潘凤章居住，因七家人家都是连梁共柱，不宜改建，潘氏民居七间才得以保存至今。潘氏是当地历史上的一个大姓和大户人家，其中潘祥元一户有十八艘往返上海的大帆船，主要靠贩运青鱼等水产致富。重建塔影桥助资碑上，潘祥元是头名助款人，七间房的潘姓也都是潘祥元的族人。

本仁堂在陈塔村陈塔港北，系坐北朝南临河而建的清代建筑，为五开间四进深，占地800多平方米，屋宇达四十多间。大厅悬挂祖宗绣像，堂内存有陈氏家谱，清咸丰年间遭兵火焚毁，光绪年间重建。商埠驳岸置东西两面八字形砎口，系船用的牛鼻孔依然保存良好。宅主陈言帮被誉称陈百万，为陈塔村首富，光绪十五年（1889）曾助银两百七十五两建陈塔总管堂。傍堂东边小河上建石桥一座，取名“骡子桥”。“骡”与“利”音同，意在有利于子孙。因年久失修，本仁堂现仅存三开间一进连过街廊棚、五开间门面房。廊棚前临河驳岸为花岗岩靴钉式砌筑。中屋存有雕刻的门梁，砖框库墙门，原有砖雕“居安里正”的字样已脱落，刻有“本仁堂”字的石砣一个，其余古建筑、古石桥均已毁。本仁堂陈氏与湖州陈英士同为东林陈氏家族，早在元朝末年就有陈冬双被刘伯温破风水的传说，在明万历年间迁居和孚镇陈塔村。原来大厅及楼厅均已改造为新住房，现为世孙陈季安住宅。

陈塔村有晚清建筑沿河民居，位于陈塔村本仁堂西边陈塔港北，共十二间。原为该村陈氏常记、礼记兄弟二人开设的商铺。门前有过街廊棚、河埠驳岸及系船用的牛鼻孔，八字形的埠头砎口仍保存完好，过街廊棚下有暖凳供行人休憩。原建筑东面六间安设丝绸织机，对子大门两边设落地气窗、格子矮窗。西面六间分别为益兴米行、酒行等店铺。今存有“益兴玉记，庚子年置”，即1900年的米桶两只。现十二间民居多存临河一进，基本保留沿河街市的风貌。

袁家汇钟氏旧宅为坐北朝南的清代建筑，占地面积约4000平方米。钟氏旧宅东轴线北墙与吴永年宅院连接处围墙长约11米，高约3米，围墙中有一门与吴永年宅院相通，有主轴线和东轴线两部分建筑。主轴线为三开三进建筑，前有影壁，门楼式顶。东轴线的东院落附备弄，后与河埠相通，置房屋两进，前进重檐硬山顶，内作西式结构，门、柱、窗、壁、顶均为西式装饰，所设花池、棚架、扶栏均为水磨石制作。主轴线西面是钟家花园，现已坍塌。独家使用的河埠有规模，保存完好。旧宅原为钟飞滨所有，是钟氏家族最大房产，又是中西合璧的建筑，对研究其家族史及近代建筑史具有重要意义。

袁家汇孙家弄的孙宅，坐北朝南，为三开一进楼厅带东西厢房的民国建筑。石库门原有门楼，现改为阳台。前后各为四界抬梁，抬梁上雕刻狮子滚绣球、花鸟、暗八仙图案，栩栩如生。三间正楼厅东边傍建两开间住房和伙食房，后边与谈宅相隔。孙宅石库门外有嵌在墙上的花岗岩长方形的石碑，碑上刻有“三房墙余地七尺八寸”“余地外公共路五尺八寸”。五尺八寸是孙家弄的路宽。三房孙氏兄弟五人，祖上孙万顺开酒坊和店铺。现孙宅为三房孙鉴臣建于民国十九年（1930），居住过孙家治、孙益民等孙家后人，他们对祖居有感情，边居住，边维修，颇有传承意识。

人民北路袁宅坐北朝南，属民国建筑，现存建筑依次为门厅、天井、砖雕门楼、天井及三开楼厅带左右厢房，门厅改造较大，第一进天井实际上成了过道。旧房主为袁和清，其家族当与袁家汇地名有关，1949年以后房产已变卖。

袁氏登德堂为民国建筑，坐北朝南，有三开两进两耳房，天井东西两侧有走马楼贯通前后楼房，东厢房外下有厨房，上为水泥阳台，阳台围栏为西式风格，为当时所建。前后厅山墙均为硬山造。登德堂为袁家汇袁氏家族的主要建筑和堂名之一。

慎家港沈宅坐北朝南共四开两进，为民国建造的独家院落，内墙门为砖砌门楼，装饰有简单花卉纹，有题额“寻源永匡”，铭文在“文化大革命”中被毁，前厅东二为明间，前厅山墙为半观音兜式，围墙上方局部为马头墙，后厅山墙为硬山造。现农村中独家院落的古民居已少见，故沈宅很有文物保存的价值。

木梧弄吴宅位于荻港木桥头南边，坐西朝东，为一进三楹。始建于民国初年，为荻港吴氏后裔吴云宝私宅。依弄而进，往北开门樘，门樘系对子门，进门为天井，朝东进是落地长门窗碎乱冰面饰型，别具一格。三楹间用四仙抬梁，依后为灶间，后通三瑞堂河浜，保留完整。吴氏系荻港村章、朱、吴、陈“四大家族”之一，后裔大多流寓外埠。此宅是吴氏家族在荻港所存不多的一所私宅。

袁家汇郑宅坐南朝北，为前后两楹楼三开间民国建筑。因前后两进的间距空间小，为防止雨水溅落又便于采光，天井上方为三界船篷顶，上覆望砖并以玻璃间隔，南北两侧有白铁皮制作的“落水”承接屋面雨水；前后厅明间柱子为方料，两山墙用圆柱，前厅楼上梁架为方料人字形梁架。“牛腿”雕刻有麒麟、寿星、花卉、山水等。天井上方的处理，为湖州地区仅见，很有创意。

和孚村袁家汇人民路 1 号曹宅是一座多开间的民国联体建筑，坐西朝东，共有临街楼房七间，为砖木结构。前为街道后为空地，临街门窗多为木板与隔扇窗，内有暗销可拆卸。南向一间为正房，楼房三面有窗户，其屋顶为庑殿式，梁架结构复杂。北山墙为硬山造，这种前庑殿顶后硬山造的建筑格局比较少见，对研究湖州地区传统建筑有一定的参考价值。

文明厚重的古代遗址

文化遗迹

钱山漾遗址位于和孚镇云东村地块，钱山漾的南岸，是原始社会晚期的一个村落，距今四千七百多年，属良渚文化。早在 20 世纪 30 年代，慎微之先生首先发现钱山漾遗址并著述发表。1956 年，浙江省文物管理委员会、浙江省博物馆在河水干涸的浅滩上采获数千件石器。同年 3 月和 1958 年 3 月，这里又进行过两次科学发掘，出土了陶质的鼎、罐、壶、盆、钵等器皿及纺轮、网坠等纺织工具残件，以及石质刀、斧、锛、犁等生产工具和稻谷、蚕豆、甜瓜、毛桃、花生等植物种子，说明湖州当时的农业生产已具相当高的水平。出土的残绢片和丝、麻织品是我国迄今发现中年代最早的，证明了湖州是丝绸文化的发祥地之一，成为中华民族为人类文明做出重大贡献的实物见证。

2014 年 11 月，学术界正式将钱山漾一期文化遗存命名为“钱山漾文化”，与年代稍晚的“广富林文化”一起，填补了长江下游环太湖地区新石器时代晚期文化原序列中从良渚文化到马桥文化之间存在的缺环，对太湖流域的史前文明研究具有重要意义。

2015 年 6 月 25 日，经专家评审，钱山漾文化遗址因发现了世界上最早的绸片而被正式命名为“世界丝绸之源”。同日，来自钱山漾的两件丝绸精品也随“中国梦·丝路梦”互联互通丝路行考察团，在米兰世博会上亮相。

和孚镇的桑基鱼塘系统传承千年，总面积为 1007 亩，位于荻港村河东，西邻京杭大运河，东与运粮河相隔，四面环水。这里的先民遵循早已有之的植桑、养蚕、蓄鱼生产规律，将桑林附近的洼地深挖为鱼塘，垫高塘基、基

钱山漾遗址

上种桑，以桑养蚕、蚕丝织布，蚕沙喂鱼、塘泥肥桑，形成可持续多层次复合生态农业循环系统。至今，科学的物质循环利用链和能量多级利用依旧堪称完美。青、草、鲢、鳙四大家鱼在水塘中分四层充分利用了水体生物链，废弃物被循环利用，达到和谐共生零污染，实现了人与自然和谐发展。史载，湖州桑基鱼塘系统的形成始于公元前 770—公元前 403 年的春秋战国时期，距今已有两千五百多年历史。古代湖州桑基鱼塘系统区域属于太湖南岸的古菱湖湖群，是“湖荡棋布，河港纵横，墩岛众多”的濡湿低洼之地，每到雨季，洪涝成灾。时值春秋战国诸侯争霸，吴、越两国在此筑塘、屯田、劝农桑，修筑加固南太湖湖堤并连成一线，在洼地东西向开挖“横塘”，南北向开挖“纵浦”，形成“五里七里一纵浦，七里十里一横塘”的棋盘式塘浦排灌系统，确保了南太湖区水稻、桑蚕和鱼塘的收获，堪称世界奇迹，比都江堰还早了两百年。唐宋时期，种桑养蚕遍及千家万户，湖州成为全国蚕桑与丝绸织造中心、主要的淡水鱼生产基地，促进了太湖沿岸持续发展，形成了繁荣的江南“鱼米之乡”和“丝绸之府”。1992 年，“湖州桑基鱼塘系统”被联合国教科文组织誉为“世间少有美景、良性循环典范”，先民向世界提供了洼地开发利用、生态循环发展的中国模式。

为保护丝绸之源，2016 年 11 月 7 日，中国首个重要农业文化遗产院士工作站在和孚镇荻港村正式挂牌。湖州市政府聘请联合国粮农组织全球重要农业文化遗产指导委员会主席、中国工程院院士李文华和他的团队在 2016 年至 2018 年三年间驻站开展工作，与浙江大学、中科院地理研究所联手共建中国全球重要农业文化遗产保护与发展研究中心，联合开展“湖州桑基鱼塘系统”等农业文化遗产的保护与研究，以领先的机制和理念让这个活态的农耕文化遗产成为可持续发展的智慧源泉。

塘浦圩田系统是将芦苇沼泽水地改为水田，从杨家庄出土的钱币来看，历史上曾有始于春申君置菰城县时期的“塘浦圩田”。塘浦圩田系统在历史上是太湖流域地区桑基圩田、桑基鱼塘的重要基础，是催生“吴越文化”“鱼米之乡”“丝绸之府”“财赋之区”的重要载体，为“以农立国”的封建社会经济文化可持续发展提供了坚实的架构。这种农田水利系统是在屯田制度和初级形式的圩田基础上逐步发展起来的。圩田（或围田）就是在低洼地区四周筑堤，使“水行于圩外，田成于圩内”。为解决防洪、除涝、治渍、灌溉，在“屯田”“筑圩”时须先解决水利问题，因此，塘、浦、溇、港一类的河道应运而生。北宋范仲淹曾这样描述江南的塘浦圩田：“每一圩方数十里，如大城。中有河渠，外有门闸。旱则开闸，涝则闭闸，拒江水之害，旱涝不及，为农美利。”

荻港外巷埭商铺群位于荻港古村落的东端，沿京杭大运河杭湖锡航道西岸，临河靠港筑街，代表着京杭大运河典型的商业文化特点。始建于清代，是一座南北走向全长 500 多米的建筑群。外巷埭是一条集商贸、加工制作、客栈、运输、居住为一体的古老街区，曾经是荻港小镇最繁华的地段。民国

桑基鱼塘效果图

时期，廊屋外皆为商铺阁楼。当时，小镇不通公路，水路交通相当发达，南至杭州，东往上海，北至湖州、无锡、苏州，兴盛时各类店行齐聚于此，开设店号二十九家。如中药店有朱正阳的百乐堂、陈荣生的泰源堂等。茶店有聚兴楼、三合月、彩云楼、今夜月等。鱼行、菱行、丝行、米行、南货店等是这里的特色，如沈记螺蛳行、章氏丝行、章记米行等。另有震泰店、袁记理发店、凌记豆腐坊、吴氏糕团店、陆记面店、昌顺店、朱氏画像、王记木匠店、沈氏大木店、冯记箍桶店、油榨坊、大明电灯厂、便民旅馆等。恒泰昌的“水桃酥”、百乐堂的“八珍糕”最为著名。这里聚集了诸多鱼行，时为浙北水产商品交易中心。随着公路交通的便利，这里的商业逐渐衰退。房屋均系砖木梁架结构，基本是一开间三进，也有两开间三进的房屋。一般是前

为店面，后作加工储藏之用，楼上是居所。因店面的前廊屋南北联结贯通，所以，这里下雨天逛街是不用撑伞的。外巷埭临河的码头、河埠保存完整，现在仍可使用。老街保存了许多历史信息与历史记忆，是江南水乡集镇中保存较好的街区，是京杭大运河沿路的水乡商埠码头，是荻港古村落精美建筑的典型代表，也是荻港人挥之不去的乡愁。随着荻港 4A 级旅游景区的获评，外巷埭已作为古老的极具京杭大运河文化特色的百年老店和商贾云集的商铺群向游人展示。

荻港村还有一条东西走向的清代建筑带，即建在河边屋檐下长约一千米的里巷埭长廊，为木质结构，可遮雨避寒，与外巷埭以廊桥相连，是古老的荻港街市的代表。街市依河而建，各类店铺鳞次栉比，与外巷埭一道营造了荻港古村落的繁华。河道不宽，河帮为石砌，驳岸上建有一些揽船鼻子，它被雕成一个个精美的艺术品，有元宝、如意或吉兽等造型，栩栩如生，象征着人们对吉祥、富贵、幸福的期盼。小路由横着、竖着的青石板铺就。村里的老人说，横着的石板路是吴家铺的，竖着的石板路是章家铺就的，至今荻港还流传着“章百万，吴无数”的说法，正是这里当年富裕繁华、家国情怀浓厚的写照。随着浙江省“五水共治”的大力实施和社会主义新农村的建设，这里重现了“小桥流水人家”的古镇美景，被誉为“最好的江南古镇”。

陈塔港古帮岸硚埠东西走向，站在新建的保隆桥上往西看，港上两边尽是古老的石驳岸和硚埠，是临河而建的清代古建筑群的遗存。河之北有本仁堂、十二间的河埠，港南有金贤堂、中立堂、秀蔚堂、凤鸣堂四个名宅留下的花岗岩石帮岸和河埠硚口。其中金贤堂、中立堂、秀蔚堂三宅的石帮岸，采用了碎花镜式的叠砌法，俗称“乱三角”，也称“冰裂纹”“乱拼面”，是古代园林建筑的杰作，工艺难度极高，审美效果绝佳。石帮岸中建有系船的牛鼻孔和排水下水口。沿河留存的原汁原味的古建筑、石帮岸及陈塔港古韵犹存，值得观光。

位于新胜村长超山西北坡地的蓟墓庄遗址，现为桑地，年代跨度较大。从采集的陶片分析，遗址年代从新石器时代晚期延续至汉代，属于聚落遗址。现有遗址面积约 5000 平方米，地表及鱼塘内有较多陶片，以夹砂陶、泥质陶、印纹陶片为主，可辨器形有鼎、瓮、罐、钵等，纹饰主要有席纹、回纹、水波纹、曲折纹等，未进行过考古发掘。

后村遗址位于双福桥村湖盐公路北侧百米处，因自然村名而命名，属于聚落遗址，西至安西漾，北是水塔漾，东南为公路。遗址所在地域多为桑地，面积约为3万平方米，地表采集的陶片多来自农民挖塘养鱼。可辨器形有弦纹罐、钵等。纹饰主要有弦纹、方格纹、回纹、米字纹、麻布纹、细方格纹、菱形纹等，遗址年代可定为战国秦汉时期，尚未进行考古发掘。

“五圣”堂子遗址坐落于李市村龙潭自然村小溪漾水面的人工小岛上，为寺庙遗址，始建于晚清，块石垒筑，面积20余平方米。人工岛高于水面60厘米，四周遍植垂柳，岛上原建有供奉孔子、孟子、子思、颜子、曾子先贤的“五圣”堂子，“文化大革命”中被毁。现堂子为砖瓦结构，20世纪90年代重建，是当地村民祈求丰收、赐福平安的场所，风俗传承上百年。每年正月初十，当地百姓都划船到岛上祭祀，小溪漾湖面舴艋舟首尾相连，场面颇为壮观。

群益村的总管堂位于群益南塍，坐北朝南，占地1000平方米。殿前悬挂“安乐王府”，西侧旁建功德房、会客室等附属设施。围墙中间宽大的活动场地中央有树冠垂荫一亩的香樟树，状似龙凤呈祥。大门东侧悬挂着由浙江省民族宗教事务委员会监制的“浙江省民间信仰活动场所”铜质牌照。农历九月二十为庙会信仰活动时间，届时村民们纷纷前来祭拜总管老爷，感恩当年赈军粮、救灾民，祈祷平安，期盼家和村兴，百业丰收。今保存着历史上遗留的“三元胜会”砖刻一块，落款为“民国七年菊月众姓弟子敬立”。中间刻着五十一位捐款善士的姓名。前款记载：“窃思本社三官堂三方砖，从前清洪杨损毁傀儡……”洪杨为太平军首领洪秀全、杨秀清，洪杨之乱在历史上记载较详，湖州地区曾遭其灭顶之灾。“三元胜会”砖刻，可作历史文物的见证。

位于云东村溪下田自然村的永兴庵，始建年代不详。据村民口传，不知在哪个年代，在永兴庵南边临南溪一兜有一年发大水，漂来了一尊木质观音像，村民把它推出兜浜。第二天，观音像又回到浜里，几次三番，观音像就是停留在浜里不走，于是，当地善男信女便集资建造庙堂供奉，定名"永兴庵"，意为"永远兴旺"。永兴庵在动乱年代遭毁。今逢盛世，为弘扬历史文化，村民在原址重建了坐北朝南的三开间殿宇，敬奉观音像，紧邻其东边，重建总管堂，敬奉着散发军粮赈灾百姓的二位总管老爷。三米直径的樟树重新长出了新叶，两株垂荫半院的樟树，见证了永兴庵历史的变迁。

古代墓葬

蓟子训墓在湖趺山上。据宋代谈钥著嘉泰《吴兴志》载："《统记》云：汉蓟子训隐于余不乡，卒葬乌程县湖趺山。今属归安。"

据清《归安县志》载：元代"知州唐棣墓，在县东长超山"。唐棣（1296—1364），字子华，菱湖人。唐棣父唐清，元初赠承务郎，任归安县令。唐棣幼聪颖好学，文思敏慧，能诗善画，有"奇童"之称，为赵孟頫、马煦所赏识，弱冠时便拜赵孟頫为师，常出入赵府，交往益深。不久，马煦升为刑部尚书，遂携唐棣至京，延祐初进荐仁宗，以绘画侍奉宫廷，在嘉熙殿画屏风"挥洒立就，天子称赏"，待诏集贤院，因而有机会遍览历代书法名画。此时，赵孟頫也奉诏至京，任翰林侍读学士。唐棣在朝廷中多与文臣交往，诗文、书画得到虞集、偈傒斯、赵孟頫指授，技艺更趋成熟。元文宗天历二年（1329）应诏在南京龙翔寺绘制壁画。至顺四年（1333），第二次北上大都，奉诏在宫廷作画。唐棣在郴州、处州、江阴、嘉兴、休宁、兰溪、吴江等地均做过官，有政绩。工山水，近学赵孟頫，远师李成、郭熙，亦工诗文，晚年返乡埋头读书作画，生活较凄苦。传世作品有《林荫聚饮图》轴、《霜浦归渔图》轴，图录于《中国绘画史图录》上册；《携琴远眺图》轴现藏于四川省博物馆；《雪港捕渔图》轴藏于上海博物馆；《云浦驾舟图》册页、《仿郭熙秋山行旅图》轴藏于台北故宫博物院；1323 年作的绢本设色《摩诘诗意图》轴现藏于美国大都会博物馆。

长超山上另有宇文谅墓。据清《归安县志》载，元代"廉访司佥事宇文公谅墓，在县东长超山"。宇文谅，字子贞，其先为成都人，后徙吴兴。生卒年不详，约元惠宗至元中前后在世。通经史百家言。弱冠有操守。登至顺四年（1333）进士。为国子助教，日与诸生辨析诸经。调应奉翰林文字同知制诰，兼国史院编修。官至岭南廉访使佥事，以疾请老。卒，门人私谥曰“纯节先生”。著作宏富，有《折桂集》《观文集》《辟水集》《以斋诗稿》《玉堂漫稿》《越中行稿》（已佚）凡若干卷。《元史本传》有载。

费金吾墓在长超山。据清《归安县志》载，国朝“湖广巡抚费金吾墓，在县东长超山，雍正八年，赐祭葬。《府志》误入乌程”。清代穆彰阿、潘锡恩等纂修的《大清一统志》卷二八九亦载“费金吾墓在乌程县长超山”。

据清《归安县志》载，明代“赠尚书沈应登墓在县南上堡”（《乾隆府志》）。沈应登（1504—1589），菱湖竹墩沈氏人，子沈子木少敏而文通经籍，欲师教育家唐枢，语未毕，唐惊曰：“君吾师也，敢辱弟子列乎？”遂引与定交。嘉靖中以选贡通判安徽宁国，署广德州，威惠并行，百姓戴之。补凤阳，改青州忤上官，躬耕养母，授课子侄。万历十七年（1589）九月卒，入祀乡贤祠。有《筠溪集》,《湖录》：应登诗“雅淡有致”。

上堡有沈儆炌墓。据清《归安县志》载，明代“工部尚书沈儆炌墓，在县南上堡之声一堡，崇祯壬申赐葬”。沈儆炌（1554—1631），菱湖竹墩沈氏人，明大臣，书法家。沈子木次子，沈允培父。万历十七年（1589）二甲第四名进士。任河南左布政使时，治行卓著，入为光禄寺卿。万历四十七年（1619）以右副都御史，巡抚云南，奏蠲贡全，平定方乱，升南京兵部右侍郎、工部尚书，为魏忠贤党徒石三畏所劾，落职闲居。崇祯初复官。卒谥“襄敏”。

严而珪墓在荻港。据清《归安县志》载，明代“江西参政严而珪墓，在县南荻港吴家港”。《归安县志》卷二十一“艺文”载，严而珪有《侧修四书》《善余堂家乘》传世。

和孚故事

第四章 和孚的历代名人

和孚是一个典型的具有江南风格的历史名镇，物华天宝，人杰地灵。自古以来，各朝各代名人辈出，或忠或孝，或文或武，或成大事光耀千秋，或积跬步而至千里，如繁星满天，点亮了历史的星空。

皎然，俗姓谢，名昼，字清昼，晚年以字行，湖州长城（今浙江长兴）人，唐朝诗僧。谢灵运第十世孙，幼有异才，求仕应举未果，遁入空门。天宝三年（744）出家润州长干寺，受戒于守直律师。天宝年间云游至荻港净光禅寺。因同族谢氏在附近居住，并建有谢家湾、谢家田村落。皎然定居净光禅寺后，曾募资在寺前河道上建三孔架梁石桥“塔影桥”，并与隐士诗人吴冯吟诗唱和往返，后定居湖州杼山妙喜寺。大历九年（774），主持众文士助颜真卿编撰《韵海镜源》。唐德宗曾令其写文，入藏密室。贞元年间卒于寺中，葬杼山南坡。著有《儒释交游记》、《内典类聚》四十卷、《号呶子》十卷、《茶诀》一卷，今不见传。另有《杼山集》十卷、《诗式》五卷等传世。2004 年，皎然塑像入湖州历史文化名人园。

吴冯（？—805），字季德，南朝著名诗人吴均的后裔。善诗文，文有家风，性刚直，为权贵排挤，隐居于东溪（荻港南）。皎然言称季德为邑中诗人，器重之，称其故里为“高士庄”，有诗《戏赠吴冯》。与湖州刺史李洪合编《皎然诗式》。

王永从，生卒年不详，湖州归安县松亭乡人（现和孚镇重兆人），宋代著名刻书家。曾任密州观察使。徽宗宣和年间（1119—1125）入朝为官，笃信佛教，与惠林寺和尚慈受涤禅师交好，颇受其影响。致仕后，与弟王永锡在家乡创建圆觉禅院，建造舍利塔，捐巨资刊印《大藏经》五千四百八十卷，史称《思溪圆觉藏》。还刻有《唐书》、《新唐书》二百二十五卷、《五代史记》、《新五代史》七十四卷。刊印《大藏经》花费了王永从一家两代人的心血，参加刊刻的还包括他的儿子王冲元、王冲和及两个侄子王冲允、王冲彦，他们对保护中国古代文化做出了重大贡献。

朱应元，字见则，荻港紫阳朱氏本支人，南宋嘉熙二年（1238）戊戌科进士，历监察御史、崇政殿说书。因遭权臣所忌，被论左迁。景定二年（1261）以朝请郎直徽猷阁浙东提举兼权绍兴府、浙东安抚大使。景定五年

（1264）正月，除浙东提刑。同年二月，入为监察御史，升右文殿修撰，充起居舍人。贾似道当权，朱应元极陈时政，被斥归。

朱潜（1187—1258），字子默，号文默，朱熹曾孙。公元1220年登科第，授官翰林学士，授衔登仕郎，南宋宝祐年间（1253—1258）来湖州任乌程县县令。罢官后携长子朱槐（湖州府提领）、次子朱楠先侨居武康，后隐居荻港，为湖州紫阳朱始祖。经过七百多年营治，荻港紫阳朱名人辈出，家族分堂有景庆堂、敦阳堂、聚庆堂、宝善堂、研根堂、仁古堂、纪善堂等，成为荻港三大望族的“朱糊涂”。韩国和中国保留的朱氏家谱宗谱和地方史志均可证明朱潜是韩国新安朱氏和中国湖州朱氏后裔的共同始祖。

宇文公谅（1292—？），字子贞，祖籍四川成都，因其父挺祖，徙吴兴。精通经史百氏言，有操行。嘉兴富民延为子弟师，夜将半，闻有叩门者，问之，乃一妇人，公谅厉声叱去之，翌日，即以他事辞归，终不告以其故。元朝至顺四年（1333），登进士第。授徽州路同知婺源州事。丁内艰，改同知余姚州事，夏不雨，公谅出祷辄应，岁以有年，民颂之，以为别驾雨。摄会稽县，申明冤滞，所活者众。省檄察实松江海涂田，公谅以潮汐不常，后必贻患，请一概免科，省臣从之。迁高邮府推官，未几，除国子助教，日与诸生辨析诸经，六馆之士，资其陶甄者往往出为名臣。词应奉翰林文字、同知制诰，兼国史院编修官，以病得告。后招为国子监丞，除江浙儒学提举，改佥岭南廉访司事，以疾请老。引接庞隆隐居荻港“筑溪隐堂”。公谅平居，虽暗室，必正衣冠端坐，尝挟手记一册，识其编首曰：“昼有所为，暮则书之，其不可书，即不敢为，天地鬼神，实闻斯言。”其检饬之严如此。所著述，有《折桂集》《观文集》《辟水集》《以斋诗稿》《玉堂漫稿》《越中行稿》，凡若干卷。门人私谥曰“纯节先生”。

沈梦麟（1307？—1399？），字原昭，归安县花溪（今属南浔区双林镇）人。少时有诗名，博通群经，尤邃于易。与赵孟頫为姻家。与王蒙、莘野、曹孔章、沈自诚、章同、胡廷晖、孟珍并称“吴兴八子”。元至元五年（1268）中举，授婺州学。至正十三年（1353）进士，授武康令，后解官归隐。元末同宇文公谅引接庞隆隐居荻港“筑溪隐堂”。刘伯温于至正十七年（1357）为其家西席，刘氏屡荐，坚辞不就。后应聘入浙、闽，校文者三，为会试同考者再，太祖称其“老试官”，知其志不可屈，亦不强以仕。他精于七言律体，时称“沈八句”。享年九十三岁，卒于家。为荻港沈家弄内之沈氏前贤，曾为紫阳家乘撰元朝天顺癸未荻港谱序。著有《花溪集》三卷行世。

吴仕让，字允恭，吴应征庶长子，吴应期嗣子，荻港人。明嘉靖三十七年（1558）戊午科举人，即用安徽灵璧县知县，赈济灾荒，请减赋税，兴修水利，纂修县法，以劳卒于任。

朱国祯（1558—1632），明乌程荻港紫阳本支人，字文宇，号平涵，又号叫庵居士、守愚子。万历十七年（1589）进士，累官国子监祭酒、右春坊等职，谢病不出。天启元年（1623）提升礼部右侍郎，中途请告归，未上任。天启三年（1623）拜礼部尚书兼东阁大学士，后改文渊阁大学士，累加少保兼太子太保。四年（1624）春晋户部尚书，武英殿大学士，总裁《国史实录》，不久加少傅兼太子太保。时魏忠贤窃权，朱国祯为叶向高首辅助手，向高去职，由韩爌继之。韩爌又罢官，朱国祯任首辅，旋为魏党李蕃所劾，朱国祯连上三疏，引疾归里。崇祯五年（1632）卒，赠太傅，谥文肃。著有《朱文肃遗集》八册、《平涵诗文钞》两册。

章嘉猷（1637—1711），字宸献，号遐孚，又号霞桴，太学生，康熙庚寅举乡饮介宾。系浦城太傅公之后，递迁于荻港。曾祖父章纲，祖父章世德，父亲章良荣，俱隐居不仕。所居荻港，泥涂蒿径，人苦踣。厥靡白金二千余两，鸠工甃石委巷，悉成坦道，行者德之。戊子己丑间，水旱洊饥，输米百石为施者，倡时诸乡设粥厂。嘉猷独以米，区口之大小，路之远近，大者日八合，小者半之。近者三日给，远者或五日或十日，民得实惠，全活无算。当事以为善，仿其法而行他处。《湖州府志·孝义传》《归安县志》

章嘉猷画像

列传。

钱文玠，字鉴，亦号绮圆，荻港杨家汇钱氏名宅余庆堂宅主，康熙十五年丙辰科三甲第九十一名进士。历任湖北广济同知。其祖钱永标，字季明，笃于孝悌，割股疗亲，父母皆享高年。仗义疏财，明崇祯岁大饥，钱府赈饥救灾，掩骸无数。立有钱氏宗祠。

吴启褒，字莪锡，号峨雪。生卒年不详，清代早期拔贡生。十二岁丧父，日诵经史，至老不倦。候选州同，两举乡饮大宾不赴。工诗文，著有《吴氏诗存》四十卷、《吴兴田赋考》四卷、《半舫斋文集》四卷、《闽游草》、《南游杂记》两卷。

朱泮功（1687—1735），字载常，号鲁斋，荻港紫阳朱氏长支第十六世孙，六有堂宅主。早年为乌程县县学增广生。雍正十一年（1733）中二甲第十二名进士，钦点翰林院庶吉士，授兵部主事加一级，与章有大同朝为官，并共谋办好荻港教育事业，著有文稿《谏监定拟》与《词臣史圜》，欲刊刻，寻因乏资不故。乾隆元年（1736）恭遇覃恩奉直大夫。支持章适翰办积川书塾，为国家培养了一大批人才。

施观保，字渭滨，号白云，本姓葛。生卒年不详。海宁人，籍贯乌程，荻港施氏树德堂宅主。康熙庚子举人，官象山教谕，容县知县施凤仪的儿子。章有大撰墓志云："观保性孝友，重然诺，取予不苟，尤邃于理学，所著甚富。尝谓唐宋以来六书瞀乱，浸失其传，著厘韵三百卷，凡三十年而成，惜未刊。"寿终墓葬本宅对面高地，立塔以祭祀，故其墓下河浜俗名"施塔浜"。

吴应棻（？—1738），原名应正、应禛，避讳雍正帝改名，字小眉，号眉庵，又号青灵山谷、青灵山人，荻港人。清康熙五十四年（1715）二甲第三名进士，授翰林院编修，任河南乡试副考官。雍正七年（1729），任河南乡试正考官，提督河南学政，擢升右中允，迁侍讲。历官少詹事，顺天学政，转右通政，又擢左佥都御史。两为学政，以廉明见称。雍正十三年（1735），任湖北巡抚，兵部右侍郎兼巡抚。上疏弹劾布政使李世倬、按察使胡瀛为政废弛，得雍正皇帝嘉奖。黄州郡麻城县百姓涂如松与其妻杨氏不和，反目相争，杨氏逃回家，其兄藏匿于家，反诬涂如松殴妻致死，贿嘱灭尸，该案株连官吏、妇女百余人。吴应棻察其冤，飞奏停判，用计缉获杨氏，全盘推翻前案，楚中时有“龙图再世”之称。乾隆元年（1736）入都供职，奉命勘察河南疑案、广东参案。在广东发现程、安、德三县缴粮数额过重，奏请蠲免。官终兵部左侍郎。博通诗、词、古文，工书法，与何焯、张大受、顾嗣立为莫逆之交。善画墨竹，兼作竹石小景。著有《青瑶草堂诗集》。

吴应枚，字小颖，号颖庵，吴应棻之弟。清代画家，山水画师承王原祁。雍正二年（1724）二甲第十三名进士，授翰林院编修，协修《大清一统志》《圣祖实禄》。雍正十一年（1733）以提督云南学院至滇，后升左春舫左中允，擢侍读学士，顺天府尹，大理寺卿。任顺天府尹时，体恤百姓，由陆路改水路运输，接济直隶、山东米粮，减轻百姓负担。解决地方流动户籍，给予就业定居。任大理寺卿时，对冤情悉心平反。工诗善画，著有《客槎集》《墨香幢诗》《题画诗跋》《清画家诗史》《画传编韵》《画囊》《畊砚田斋笔记》。

史圜（1690—1744），字象舟，号立山，归安县荻港史家村史家厅宅主。雍正十三年（1735）考取内阁中书，乾隆元年（1736）二甲第十七名进士，由翰林院庶吉士散馆授福建上杭县知县，勤于政务，为政清廉。任职五年，县内凶顽绝迹，盗贼远逃。对恃强凌弱、以众欺寡之人，依法予以惩治，凡有益于百姓之事均不遗余力，如尽力设法赈济饥民。特别重视培植人才，曾将二十余名好学的贫家学子姓名书写下来，贴在墙上，每逢年节、荒歉、寒暑，省试、府试，均以金钱相赠，五年如一日，未曾间断。对成绩优秀的生员，每逢季考，纵使政务再忙，也亲自手批口授，与学生推心置腹，亲如父子、兄弟，谆谆训诲。生员所写文章凡被他评为甲、乙等的均分别给予奖赏，人称“史府翰林院”。在任期间，他捐赠米谷赈济民饥，修城垛，体恤平民百姓。乾隆九年（1744），因积劳成疾卒于官署。其祖父史宏济，性至孝，母病眼疾失明，舐吮数月而愈。周人所急，有负债数十金者死亡，史焚其借据，复周以安葬抚恤救济，俾其妇得完节子。史圜故里，建史家宗祠、史家厅，所在自然村后改为史家村。

章有大（1698—1769），原名允明，字容谷，号佑庵，又号悔门。荻港出生，雍正庚戌科中式进士，殿试二甲第三十七名，朝考二等，赐进士出身。福建即用知县，升用主事。历官工部都水司、虞衡司主事，记名御史营膳司员外郎，都水司郎中，山东道御史兼贵州道御史，礼科给事中加一级。历充雍正乙卯福建乡试正考官，乾隆丙辰会试同考官，广东乡试副考官，丁巳会试同考官，甲子四川乡试副考官，庚午顺天乡试监试、考试翻译监试，壬申顺天乡试监试。两窑监督，督理五城街道事物，稽查旧太仓事务。

章有大画像

纂修《大清会典》《工部则例》，诰受朝仪大夫。以子宝传官，覃恩诰封中宪大夫。《郡志》《县志》列传。虽历任监考官，门生天下，却居官谨慎，故得科人称最。荣归故里十数年，乐善好施，饥者食之，寒者衣之，婚嫁不给者助之，贫而亡者厚赋之。教育本里兴教，积善读书，居家集币，诗文自乐。著有《息匀诗文集》，列《郡志·艺文略》，入《两浙輶轩录》。

章宝传（1717—1766），字习之，号研屏，又号箦山。生于荻港，乾隆七年（1742），殿试二甲，朝考二等，赐进士出身。历官内阁中书，宗人府主事，吏部稽勋司员外郎兼考功司员外郎。记名御史考功司郎中，文选司郎中，公误降补工部虞衡司主事，户部山东司员外郎，吏部文选司郎中，福建道御史，礼科掌印给事中，鸿胪寺少卿加二级。历充军机处行走，丙子顺天乡试同考官，宝源局监督，四库馆提调巡视中城，文渊阁校理，诰授中宪大夫。乾隆丙戌七月初四日寿终，葬长超山。《郡志》附传。著有《庐江诗存》，列《郡志·艺文略》。入《湖海诗传》《两浙輶轩录》。

章光晋（1734—1813），字接三，号裕轩。乾隆庚辰恩科中式举人，大挑二等，授义乌教谕。历署黄岩、武义、秀水教谕，截取知县。选授湖北黄梅县知县，调应城县知县，乙卯戊午湖北乡试同考官。敕授文林郎。著有《研安斋诗钞》，入《两浙辅轩续录》。

（释）际祥，字主云，生活于乾隆嘉庆年间，书画俱学董其昌，画尤有骨力，亦工诗。为荻港演教寺住持，所居寺庙佛像颓坏，院宇倾圮，际祥乃作山水千余幅，广送檀越，每轴募化铜钱一贯，一年而功德完满。浙江巡抚阮元曾书“南屏秋色归诗版，北苑春山证画禅”楹帖赠之。后主西湖南屏净慈寺。与丁丙共著《敕建净慈寺志》。

章绍曾（1737—1777），字颖儒，号筠圃。乾隆辛卯科中式副贡，试用教谕，署东阳训导。著有《筠圃小草》。列《郡志·艺文略》，入《两浙辅轩录》《湖州诗录》。

吴锡麟（1746—1818），字圣征，号穀人，荻港人。清文学家，官国子监祭酒，主讲湖州安定、爱山书院。与邵齐焘、洪亮吉、刘兴炜、袁枚、孙星衍、孔广生、曾燠并称为“骈文八大家”。

章芩（1750—1818），字鹿宾，号萍野。十九岁中乌程弟子元第，博览儒先之书，以程朱为主。乾隆癸卯科顺天中式举人，誊录议叙知县，选授安徽建平知县，改福建大田知县。数应礼部试不中，遂南归故里以扶植后学为已任，联络族人，创建积川书塾以训子弟及乡里之善读书者。亲授以法，乃徐示以性理之学谆谆以敦行、立品为教诫，数年后进皆恂恂，雅饬风气一变。乾隆戊申吏部侍郎朱珪视学浙江按试湖郡，既蒇事，访公于里。令出子弟见之，皆谨厚有规矩。朱珪见曰：“见若子弟，即知鹿宾之学进焉。为太息者久之。”并题“积川书塾碑记”撰文，勒石立碑。公生平无疾言厉色，见义必为，见善必录，见恶必拒。能饮酒，既醉亦未尝有失言者。《郡志·孝义》附传，《荻港章氏家谱》有事略。

章光曾（1751—1824），原名鸾，字聊甫，号邃舫，已亥恩科中式经魁大挑二等，授海监训导，截取知县。《郡志》《县志》列传，著有《笛舫诗集》十六卷，《小川涓笔记》一卷。列《郡志·艺文略》，入《两浙辅轩续录》。

姚文田（1758—1827），字秋农，号梅漪，荻港积川书塾学子，嘉庆四年（1799）状元，授翰林院修撰。嘉庆五年（1800）始历任广东乡试正考官、福建乡试正考官、广东学政、日讲起居注官、山东乡试正考官、河南学政、翰林院侍讲、国子监祭酒，入值南书房等。嘉庆十九年(1814)，上疏勿施酷刑，爱民养民方能长治久安，嘉庆皇帝立刻下诏书加紧发展农业、桑业，减缓苛政，减轻刑狱。又任兵部右侍郎，转任户部右侍郎，升任内阁学士兼任礼部侍郎，充任殿试读卷官，提督江苏学政。道光年间，姚文田上奏漕运浮收弊端，道光皇帝遂颁诏禁止浮收，裁革了运丁的陋规，严禁勒索州县。后充经筵讲官，都察院左都御史，顺天乡试副考官，署工部尚书。他奉旨担任科举主考官时，总要在试场大门的两边贴上醒目的对联："科场舞弊，皆有常刑，告小人毋撞法网；平生关节，不通一字，诫诸书勿听浮言。"铁面无私，令人敬畏。道光七年(1827)，姚文田官至礼部尚书，同年病逝于所任职期间。谥"文僖"。自题联：

"世上几百年旧家，无非积德。

天下第一件好事，还是读书。"

姚文田博学多识，著述甚多，长于考据，学问无所不贯通，以程朱理学为宗。著有《说文声系》《古音谐》《四声易知录》《易言》《广陵事略》《邃雅堂学古录》《邃雅堂文集》及《春秋经传塑闰表》等。

章耀曾(1759—1831)，字昆甫，号昆圃、又村。己亥恩科中式举人，大挑知县，发往广西改江西，历署萍乡、铅山、南丰、吉水县知县。代理丰城县事，补上犹县知县，仍赴广西署怀远县事，补兴业县知县。道光壬午乡试同考官，敕授文林郎。著有《又村诗草》，入《两浙輶轩续录》。

章钧沐(1765—1842)，原名嵩生，字岳维，号春林。甲寅科顺天中式举人，大挑教谕，署建德教谕，授缙云、平湖、东阳教谕，加科中书衔。著有《冷斋笔记》十二卷，《春林诗稿》。入《湖海诗传》《两浙輶轩续录》。

章汝金(1766—1810)，原名显曾，字佑人，号苇江，又号肖严，赐进士出身，章氏惇裕堂挂"太史府第"匾。历翰林院庶吉士，武英殿协修，散馆一等，授编修，充文颖馆协修加一级，敕授儒林郎。葬长超山。著有《苇江诗存》。

章超文（1779—1841），字又超，号沧州。嘉庆戊辰恩科中式经魁，拣选知县。著有《文选注补遗》若干卷，《沧州诗集》两卷。入《两浙輶轩续录》。

朱昌颐（1784—1855），字吉求，号正甫，又号朵山，祖籍海盐，荻港紫阳朱氏本支人。乾隆贡生朝仪大夫章菼的女婿。少时求学于荻港积川书塾，道光六年（1826）丙戌科状元。次日，为道光皇帝书写扇面，得赐纱缎荷包，授翰林院编修。历官户部主事及员外郎、云南同考官、山西道监察御史、吏科给事中。著有《鹤天鲸海焚余稿》六卷、《小珊公行略》一卷、《燕游日记》等。

章藩（1785—1860），字屏周，号山甫。岁贡生，四川蓬溪县丞。历署遂宁、梁山、平武、青川县丞，敕授修职郎。著有《补竹山房吟草》四卷，列《郡志·艺文略》，入《两浙輶轩续录》。

陈骧（1787—？），字云衢，号玉湖，嘉庆十九年（1814）甲戌三甲第四十三名进士。荻港陈氏冰玉堂宅主，冰玉堂匾额由钱塘进士梁同书所书。陈骧初任江西安仁知县，调弋阳县，捐修谢垒山祠，署鄱阳县时，赈济水灾，捐廉为补庐修堤之备，重修邑志，曾勒碑以垂永远。所至多善政，补玉山县，升莲花厅（今莲花县）知府。

章节文（1798—1873），字履行，号宾庵，荻港章氏第十二世孙，清芬堂后裔。河南按察司司狱，升滑县县丞，固始县知县。保升直隶州，历署山西隰州、绛州、平定州，补授代州、直隶州知州。诰封中宪大夫。同治癸酉六月二十六日寿终，葬山西阳曲县东门外沙河村。以子章棣官，诰赠资政大夫。

章逢吉（1803—1868），字孟皆，号藕庄，增生。清同治戊辰十一月初四日寿终，葬本里筲箕兜。著《春树楼诗稿》两卷、《壤叟集》四卷。入《两浙輶轩续录》附《孝友小传》。以子文熊官，貤赠修职郎，以孙震福官，貤赠朝议大夫。

章绶衔（1804—1875），字庸笙，号紫伯，一作子伯，号辛复，别号爪鲈外史，荻港章氏聿新堂第十一世孙，廪生。咸丰壬子恩贡，候选直州判，加州同知衔。清书法家、藏书家，入载《中国画家大辞典》。自幼受父辈授教，六岁开始从颜真卿的《多宝塔》楷书入手，练习书法数十年，行书学二王，后转学王蒙书体，精通诗词韵律。家藏书画甚富，精于鉴别，藏于“磨兜坚室”“翼诜堂”“读骚如斋”中，各家书目著录其藏书中。藏书印颇多，主要有“磨兜坚室”“归安章绶衔字紫伯印”“紫伯过眼”“庸笙”“读骚如斋”“翼诜堂章氏所得之书”“苕上章子百浏览所及”“笛江”“章氏子柏过目”“荻溪章紫伯珍藏善本”等。著有《辛复庐笔记》《磨兜坚室书画录》《磨兜坚室诗抄》。吴昌硕《石交录》赞曰 :“博学多闻，尤工绘画。画山水，不事临摹，有烟云变幻之态。”《县志》列传，诗入《两浙辅轩续录》。

杨岘（1819—1896），字庸斋、见山，号季仇，晚号藐翁，自署迟鸿残叟，荻港杨氏族人，清代书法家、金石学家、诗人。咸丰五年（1855）举人，应会试不中，曾入曾国藩、李鸿章幕中参佐军务。五十岁以后负责海道漕运事务，官至盐运使，其间曾任苏州、常州、松江知府，因得罪上僚被弹劾罢官。此后即寓居苏州，读书著述，以卖字为生。杨岘工书法自成一家，以汉隶名垂晚清，被誉为“杨隶”。“杨隶”用笔方圆兼用，方笔棱削，圆笔轻细，横划粗、竖划细，行笔猛提，留下纤且长的划尾，磔划方棱，带有较长的捺脚。在撇、捺、横、划的放纵笔势中，转折方硬，犹如锋摧剑折，撇划重笔上挑。运笔上多用疾、涩、振、抖之法，讲究笔运曲直提接、顿挫的细微变化，线条内蕴跌宕，富有凝重与拙趣。“杨隶”结构严紧又舒展，字形扁方，间架工整，疏密匀称，其形宽而气紧。笔画疏朗，安排错落，上下呼应，结构造型，既强调外形的风采，又力求内涵的充实，常用淡墨和宿墨创作，在当时的碑学书

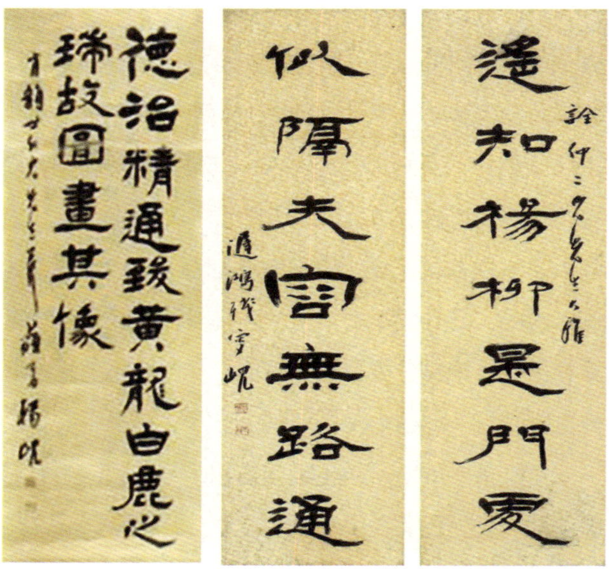

杨岘书法作品

法家中实属罕见。咸丰、同治时期，他的隶书影响较大。行书亦风格鲜明，点画沉着。杨岘作品留传甚多，隶书风格对晚清书坛影响很大，远及日本，但晚年书风流于颓唐，缺乏古意。书法之余，还攻古诗文辞，著有《庸斋文集》《迟鸿轩诗钞》等。其《安吉施氏遗著序》一文，入吴兴王义儒编著的《续古文观止》，颇受传诵。吴昌硕曾随俞樾在姑苏结识杨岘，从其学艺，情在亦师亦友之间。吴昌硕曾将旧藏《彝器款识册》请杨岘题辞，二人各抒己见，颇有玩味。杨岘曾为湖州“千甓亭”题写匾额，为荻港章氏家谱题句。

章镜清（1822—1894），字升若，号海秋。江苏候补府经历，累保知县，加同知衔，直隶州知州，尽先补用加知府衔，诰授朝议大夫。著有《计余唫草》。葬道场山青山坞。以孙章宗祥官，贻赠通奉大夫。

章辅廷（1823—1866），原名半峰，字榆青，号少帆，辅廷之名是中进士易名，寓意报效朝廷辅臣之意。荻港章氏鸿仪堂第十三世孙，同治乙丑科中式贡生，殿试三甲，朝考三等同进士出身，福建即用同知县，署云霄同知，敕授文林郎。任职期间，闽粤二边经常殴斗掠抢，辅廷以文德治办，深得闽粤民心，终因操劳过度，卒于任上。门人光绪进士朱镜清作传，葬下昂水北墩。所著诗文载《荻溪章氏诗存》卷四。

章耀廷（1825—1890），字撷芳，号黼卿，荻港章氏九芝堂第十四世孙。殿试二甲，朝考一等，赐进士出身，刑部主事。历官江西司主事、安徽司员外郎，记名御史、四川司郎中、江西道御史。掌四川道御史，记名繁缺知府，工部给事中、兵科掌印给事中、鸿胪寺少卿、光禄寺少卿。历署江南道御史，掌四川道御史、兵科掌印给事中。历充光绪癸未科会试同考官，己酉科顺天乡试内监试，试甲申科考试翻译，内帘监试。乙酉、戊子、己丑直省乡试，丙戌、己丑会试磨勘官，庚寅殿试弥封官。钦派大通桥抽查漕粮稽查北新仓事务稽查，王俸署察储济仓、禄米仓事务，署理巡视北城，诰授中宪大夫。所著诗入《荻溪章氏诗存》。

章文熊（1827—1904），字寅伯，号芸伯，丁丑岁贡候选训导，敕授修职郎。著有《恰受航文稿》二十四卷、《经说》十六卷、《业钞》四十二卷、《诗集》两卷、《杂识》二十卷、《家谱》十四卷。以子震福官，诰赠朝议大夫，葬葡萄港东北东大章路。

吴梅仙（1829—？），清代归安（今湖州袁家汇）人，生于1829年，卒年不详。早年就读于仁和敷文书院，清末秀才。清朝初期和中期，前丘吴氏中医家族声名远扬。作为前丘吴氏中医传人，学成后于前骧、洛舍悬壶行医，后屡遭土匪、地痞打劫，遂迁至袁家汇。晚清时，为浙北地区中医外科最具代表的“三湾”（曲溪湾、袁家湾、东南湾）之一。吴梅仙行医以擅治痈、疽、疔、毒闻名，其中又以疡科为主，每日前来就诊人数达数百人之多。吴梅仙在袁家湾（袁家汇）培养了众多弟子，包括吴敏斋（子）、吴希龄（子）、吕梦飞（徒）、陈实甫（徒）、徐仰机（徒），其中吕梦飞后世传人为最广。在行医过程中，辑录了《吴氏医籍》《吴氏验方》，并誊抄《疡医大全》《药性赋》等医学著作。

吴梅仙与林振高（崧甫，林徽因高祖）私交甚好。崧甫谙熟医籍，曾多次往来湖州袁家汇及杭州两地。他曾亲自嘱咐烧制民风茶壶一把，并在壶上题写“泉香，庚寅一月留存，梅仙仁兄大人清玩，林崧甫落款。”以作留念。

章乃畲（1831—1880），字念兹，号砚籽，荻港章氏经畲堂第十三世孙。庚申科中式贡生，殿试二甲第六十一名进士，朝试一等，赐进士出身。历刑部凡二十年，补主事。历官贵州司主事、广西司员外郎、福建司郎中。补授江南道监察御史，兼理河南道事，加三级，充已卯科顺天武闱乡试监考官，诰授中宪大夫。任刑部主事二十余年，以勤能称，及为御史不数月，封章屡上，如复社仓，设社学，汰冗员，诸政皆君所奏而得。尤在长兴、孝丰等县经洪杨之乱后，居民鲜少，田亩荒芜，守令广招开垦，外省人民乘间侵占，遂至喧宾夺主，殴斗频兴，居民恒苦其扰，转相逃避，胥吏亦因之征多报少，中饱浮收，以至客民愈增，土著愈减，为湖州一大害事。乃畲廉，得其情，并详细而疏奏之奏上，朝廷诏浙抚饬属稽查查办，居民渐以安抚，君于桑梓之乡之嘉惠也。所著诗入《荻溪章氏诗存》。

陆润庠（1841—1915），字凤石，号云洒、固叟，湖州荻港人，江苏元和（今苏州）出生。故里建有“承恩堂”“春及堂”两大府宅。出身于书香之家，自幼即勤奋好学，博闻强记，聪颖过人，清同治十三年（1874）考中状元。

陆润庠画像

历任国子监祭酒、山东学政。以母疾归苏州，总办苏州商务。光绪庚子八国联军入侵，慈禧太后西行途中，代言草制。后任工部尚书、吏部尚书，官至太保、东阁大学士、体仁阁大学士。宣统三年（1911）皇族内阁成立时，任弼德院院长。辛亥后，留清宫，任溥仪老师。慈禧太后作画，常命陆润庠和同治元年状元徐郙、探花李文田、进士陆宝忠为之题字。陆润庠虽贵为一品，衣着如寒士。喜交艺友论诗作画，如状元徐郙和吴荫培、叶昌炽、潘遵祁、潘曾莹以及太仓的陆增祥等，时有往来。北京故宫等许多名园、寺阁都有他的墨笔。南浔嘉业堂藏书楼正室宣统帝赐“钦若嘉业”亦陆润庠所写。为家乡荻港章氏题“鸿遇楼”匾额，为演教寺题“问津亭”匾额，建造“德心桥”石桥一座。

陆润庠学识渊博，在文学、史学、哲学、书法诸方面均有较高造诣，尤对历代官职制度深有研究，在诸种成就中，其书法艺术为后人称道。陆润庠幼年即习书，初习晋圣王羲之之名帖《圣教序》，继而遍习汉魏及唐、宋诸家。他的书法，清华朗润，意近欧、虞，气势奔放，遥相呼应，千姿百态，字势雄强，达到炉火纯青之地步。然馆阁气稍重。

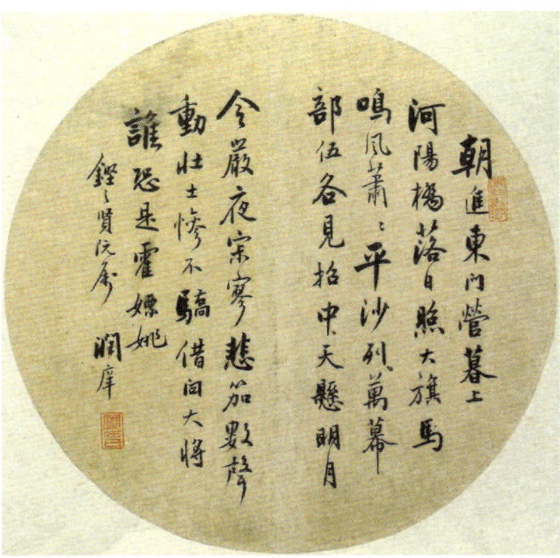

陆润庠作品

章乃正（1849—1921），字履中，号端士。光绪乙亥科中式举人，大挑知县，签分福建，己丑科会试中式贡士，殿试三甲，朝考三等，同进士出身。江西即用知县，加花翎，同知衔。历署江西上犹、广西兴安、江西安义等县事，补授瑞金、信丰等县知县。乃正在赣大吏重其文，以德消祸，痛除积弊，捐募乡勇地方安治，匪夷消匿，百姓安居乐业。民国时年迈，挂冠隐退故里，以吟咏自娱。著《征途杂咏》一卷。工书法，入《中国美术家人名辞典》。

朱镜清（1849—？），字至堂，号平华，又号频华，荻港朱氏根本堂宅主，清同治庚午科中式举人，光绪二年（1876）丙子科进士，翰林院庶吉士。善书画，墨迹入吴云《听枫园墨缘》，与吴云、吴昌硕、沈秉成等交往甚密。著有《礼记》四十九卷，荻港都天安乐王府正梁留存朱镜清题字。

章震福（1853—1920），字雨田，号庚仪，又号怡田，荻港章氏芸业堂第十三世孙。光绪壬午科优贡，例就训导，戊子科中式副贡。江苏候补直州判法律馆校理，奏派调查皖浙民事习惯，农工商部印刷科科长，商务官报局总校，加盐运使提举衔。覃恩晋封诰授朝议大夫。国体变更后，掌湖州中学。词章名同朱祖谋，名噪海内，远近之士登门求教。著有《古刑法质疑》《娱莱轩字释》《俗书证误订》《识字最易法》《考工记论文》《广蚕桑辑要》《农家言》《娱莱轩全集》。纂修《浙江省志》，为《吴兴丛书》十卷写题跋。

章维藩（1858—1921），字印生，号赣臣，荻港章氏清芬堂第十四世孙。少年时随左宗棠西征，委以后勤运转处，以军功奏保准以知州兼任怀宁知县。光绪九年（1883），任无为州知州，三年内政绩卓越，百姓爱戴，调任时百姓跪地惜别。调署怀宁、宣城等县知县，任内褒奖得江苏题奏道，赏戴花翎加盐运使衔，题奏道农工商部员外郎，奏保循良奉旨嘉奖，诰授资政大夫，准奏委任工商部员外郎，辞不任。后以母老回家侍孝为名辞官。在芜湖，创办益新面粉公司，实为中国第一家，为民族企业公司之父。辛亥革命后创办宝兴铁矿，今马鞍山铁矿前身。设电报、筑铁路。

朱五楼（1861—1920），名方淦，荻港朱氏鸿远堂宅主。祖上原籍徽州，因避战乱迁居湖州，后定居荻港，系国民党元老陈果夫的岳父。幼年贫困，少年时只身一人，赤脚持一把伞入上海、苏州程家钱庄当学徒，曾被称为“赤脚财神”。朱五楼在程家钱庄中精通了业务，并有双手快速打算盘的技能，时人称为“飞朱”。晚清后，上海钱庄界建立钱业公会，朱五楼被推为首任会长，直至去世。历任上海金融协会会长、上海总商会第一至第四任会董。在支持孙中山先生的革命事业和发动上海罢市以支持北京五四运动以及抵制外国银圆流通等活动中做出一定贡献。

章世恩（1861—1906），字锡侯，号叔振，太学生。光绪癸巳科顺天副贡，河南候补直州判，花翎二品衔。军机处存记，四川候补道兵工场造币场总办，常备军统领奏，后派任美国圣鲁易赛会专员，暨考察欧美各国军政。少时随世父章棣平定捻乱，言进军行兵之法，左宗棠惊喜："汝愿从军，实贵，可立致。"任四川造币厂总办时，因更新设备采购铜材，随带潘奕买通德国、葡萄牙，利用美女及巨额回扣诱惑，章世恩将白银十五万两上交国库。大清驻德国使臣荫昌极赞说："谓中国五十年来所未有。"诰授资政大夫。著有《运甓斋诗草》《环游管见》《环游日记》。

章乃焜（1872—？），原名乃煐，字镜滢，号晋荣。著有《医学读书记》《杂病辑要》《女科约囊》《女科诊记》。

章祖申（1876—1925），字茝生，十二岁就能写诗，十六岁撰写了数部诗文稿。科举入甲辰二甲第一百零五名进士，翰林院编修。辛亥革命后开始外交官生涯，先后出使俄国公使馆任二等参赞、荷兰公使馆一等参赞，官驻比利时代办公使。民国外交部参事署次长，1920 年任驻瑞典、挪威特命全权公使二等，获大绶嘉禾章、三等文虎章、二等宝光嘉禾章，是中国近代史上一名功勋卓著的外交家。1922 年，因病回国，后皈依佛门，取法名"悟念"，病逝于北京阜成门外广济寺。著有《萧心剑气楼诗文集》《薮笋吟》。

章宗元（1877—1952），字思萱，号伯初，幼年丧母，其父钰笙公终不续娶，尽力培养两个儿子宗元、宗祥读书，终成大器。弟兄俩中榜进士，慈禧太后听谗言有疑，召见面试，果有其才。1900 年，美国加利福尼亚大学毕业。1907 年，回国，获光绪丁未法政科进士，为翰林院编修、资政院议员、民国财政次长、驻外财政员审计处总办、币制局副总裁、财政学堂监督等。出版译著《美国独立史》《美史记事本末》《美国民政考》等，使国内更多的人对美国独立战争以及美国资产阶级民主制度有所了解。1908 年，修订法律馆聘用日本法学家松冈义正及章宗元、朱献文、高种、陈箓等四位在国外留学毕业的中国年轻法学家开始修订中国第一个民法草案《大清民律》。1909

年起先后任宪政编查馆纂修、北京财政学堂监督、大清银行监理官。1917 年至 1920 年，任唐山工业专门学校（今西南交通大学）校长。后任文官普通考试副典试官、地方行政会议会长，授二等大绶嘉禾章、二等宝光嘉禾章。著有经济学著作《计学家言》《中国泉币沿革》，是中国现代经济理论的最早研究者和先驱。

章鸿钊（1877—1951），字仪声，号演群，又号爱存，笔名半粟，我国著名的地质学家、地质教育家、地质科学史专家，中国科学史事业的开拓者。他汉学基础扎实，以第一名成绩考入上海南洋公学开办之东文书院。1911 年，从日本帝国大学理科大学地质学科毕业后回国工作。1911 年 9 月，京师学部举行留学生考试，他以最优等成绩获得了“格致科进士”，被聘为京师大学堂农科地质学讲师，是国人在大学讲授地质学的第一人。1913 年，我国最早的地质专科学校——地质研究所在北京成立，章鸿钊任所长，全力以赴培养地质人才，进行地质矿产的综合研究工作。抗日战争时期，因年高多病而困居北京，闭门谢客。日本侵略者屡次赴门敦请，他都拒绝合作。在经济条件极端困难时，章鸿钊宁愿将整套地质书籍出售度日，决不肯向侵略者低头。1946 年，应聘为南京国立编译馆编纂，从上海迁居南京地质调查所专心著述。在中华人民共和国成立前夕，他虽已七十二岁高龄，仍欣然应聘任浙江省财政经济处地质研究所顾问。1950 年 8 月 25 日，中国地质工作计划指导委员会成立，李四光出任主任委员，周恩来总理任命他为顾问，专程去北京参加中国地质工作计划指导委员会第一届扩大会议，并致开幕词。曾作特邀代表参加南京市人民代表大会，赋诗畅怀：“爆竹声声祝太平，于今始解问苍生。林间小鸟解人意，也效嵩呼闹晚晴。”著有《师弟修业记》《三灵解》《石雅》《古矿录》《自鉴蠹余集》等。

章宗祥（1879—1962），字曾菊，号仲和，从日本东京帝国大学特别法科毕业后回国，清廷赐进士出身，在京师大学任教。历任商部主事、民政部参事二品卫、京师内城巡警总厅厅丞、法制院副使，赏二品花翎。历充法律馆提调总纂、宪政编查馆法制局副局长、民国法制局局长、大理院院长、司法总长。1919 年，北洋政府授权在卖国条约《二十一条》上签字。任瑞士通商订约专使。历署教育总长、农商总长、第四届知事考试总裁、司法官惩戒委员会委员长、高等文官惩戒委员会委员长等。授一等嘉禾章、二等宝光嘉禾章、一等文虎章。1949 年后将文物、历史资料捐给上海博物馆、图书馆。著有《国法学》《刑法讲义》《银婚感言》等。

吴藻雪（1880—1951），名铨，字韵林，晚号了庵，别署四大赘人，为吴应棻后裔，清末贡生。早年设馆授课，兼卖画为生，系著名书画家。行书工文衡山体，治印以汉印为主，以文彭、何震为宗。诗、书、画、石俱见功夫，堪为大家。山水画艳而不俗，花卉以牡丹画得较多，姹紫嫣红，望之如晓露欲滴。1905 年，为南浔张静江、庞莱臣府上塾师。居家设“乐饥草堂”授课，专研画艺，弟子有谭建丞、吴迪庵等，陈果夫的夫人朱明珠拜他为师。与国画大师吴昌硕为莫逆之交。抗战期间，同里人吴剑飞参加“清远艺社”，作画义卖，支援抗日。湖州沦陷，立誓“不光复山河不入城”。抗战胜利后作画题诗：“敢向东南留柱石，运将秃笔补金瓯”“老梅毕竟推香祖，说与樱花等夏虫。”时人尊之为“荻溪高人”。中华人民共和国成立后，被推举为吴兴县第一届参议员、吴兴县文献委员会委员。创作农民子弟踊跃参军、抗美援朝和土改后大生产等系列画作，并在画上题写歌颂新中国的诗篇。

钟飞滨（1881—1925），十八岁随表兄朱五楼在上海学钱庄生意，后成为钱业界后起之秀，是上海开展外汇业务的首创者。还致力于民族工业，先后在苏州开设碾米厂、发电厂、织布厂，并经营仓储运输业。在长兴开办煤矿公司，开发旅游业。一生乐善好施，资助开办上海进德女中，从事慈善事业，接纳贫民数百之多。因长年积劳成疾，英年早逝。

章祖纯（1883—？），字子山，号钝盦。为美国加利福尼亚大学农学士，民国农林部佥事，农商部技正。历充统计科科长、农林司第四科科长、中央农事试验场场长、棉业试验场场长等职。任全国物业调查会副会长，兼任北京大学、北京农业大学等校教员，国民政府实业部设计委员会委员。授三等嘉禾章。曾代表“中华民国”参加 1916 年巴拿马世博会，著有《巴拿马农业调查报告》。

吴剑飞（1884—1953），和孚镇荻港人。诗、书、画无所不能，也收藏不少书籍，以诗、词、书、画为多。吴剑飞“童时已能诗，出语辄惊侪辈”。在杭州中学任教期间，与同事李叔同成了朋友。抗日战争期间，傅稚云、戚继棠、吴剑飞、凌虚、张绶葆、吴东迈、王孙乐等湖州籍书画家“蓄须明志”，不当亡国奴，取苏东坡《湖州谢上表》“山水清远，本朝廷所以优贤”之意，遥尊远在重庆的陈蔼士先生为社长，成立清远艺社，不时聚首，切磋技艺。抗战胜利后，庞莱臣、沈尹默、沈迈士、吴藻雪、庞左玉、金西崖、汪仰真、黄西爽、包句香、孙禄卿、包小蝶等四十余人相继入社。有毛笔抄写的四本诗稿存世，多为与当时名人雅士唱和之作，也记载了上海沦陷的事件。有《剑影庐诗存》存世。

章鸿宾（1887—1958），原名寿彭，字商贤。1912 年，任菲律宾总领事馆随习领事，协助菲律宾防治瘟疫，功勋卓越，获我国政府和菲律宾政府表彰。1915 年驻日本大使馆主事，抗战爆发后，愤而辞职返回上海。1941 年进上海市丝绸公司任绸业银行襄理。抗战胜利后重返驻日本大使馆工作，病逝于日本东京。

章鸿春（1893—1968），字伯东，著名演员甄珍的祖父，夫人是朱元璋第二十四世孙。一生悬名军籍。1923 年 7 月，从日本陆军士官学校毕业后，出任东北讲武堂少校骑兵教官，历任广州大本营军政部陆军讲武学校学生第二队中校队长、国民革命军第六军讲武学校教育处上校处长、黄埔军校第六军少将高级参议、江苏省政府总参议、中央军校军官团骑兵队少将队长、留日陆军学生管理处少将处长、骑兵学校中将教育长、南京要塞司令部少将司令、陆军少将、驻日本大使馆中将陆军武官、第三战区司令长官部中将高级参谋等。1937 年获颁四等云麾勋章，1945 年 10 月辞职赋闲，1947 年晋任陆军中将。1949 年后加入中国国民党革命委员会，曾当选民革浙江省委员。1956 年 8 月获聘任浙江省文史馆馆员。病逝于杭州。

章鸿春像

吴诚（1897—？），字伯和，荻港吴氏敦礼堂后人。与荻港朱乃华是湖州历史上最早赴法国勤工俭学的学生。1918 年由上海乘宝嘉轮去法国，专攻公用机械。1927 年回国后，以实业救国从事技术工作。1949 年后，任治理淮河工程师、安徽水利机械工程师。

李泉生（1899—1949），又名哲人、泉松。祖籍绍兴，生于和孚镇长超村，二十一岁起在乡村小学任教。1927 年 2 月，北伐军进驻浙江，他与潞村小学教师王慕舟等人，在成立不久的国民党左派吴兴县党部支持下，成立吴兴县第一区农民协会。4 月，秘密加入中国共产党，先后担任中共袁家汇区委书记、湖州中心县委组织委员等职。1929 年 12 月被捕，脱离党组织，1938 年被释放出狱，1 月下旬，成立长超人民抗日义勇军（人称“长超部队”），任主任。在短短一年里，取得了罗田漾、新兴港、张村、升山、八里店、白潭渡等战斗胜利，歼敌 400 余名，处决汉奸、恶霸 19 人。6 月起，长超部队先后被改编为第三战区江南第一挺进队直属独立大队、浙西游击第一纵队第五支队和浙江省国民抗敌自卫团独立第二总队，分别任大队长、支队长、上校总队长。1940 年 2 月，李泉生调任桐乡县长。1945 年 3 月，应吴兴抗日民主政府之请出任吴兴县路东办事处主任，改任双林区区长。同年 5 月，任菱双区游击中队中队长，因叛徒告密，李泉生等十余人被捕。出狱后在江苏涟水编入华东军区第一纵队一旅三团，参加山东兖州战役。1946 年，调任山东省实业建设厅矿业总公司周村分公司经理。1948 年 4 月被批准重新加入中国共产党。1949 年春被派往中央党校学习，3 月 23 日病逝于山东省益寿县。1951 年，李泉生被追授为革命烈士称号。

邱望湘（1900—1977），和孚荻港人，当代著名作曲家。原姓章，过继邱家，名邱文藻，望湘之名是钱君匋所取。邱望湘从湖州第三师范学校毕业后，在上海师范专科学校毕业。先后任浙江白马湖春晖中学、杭州市立中学、湖南第一师范学院、长沙岳云学校艺术专修科音乐教师，重庆国立音乐院作曲主任，上海音乐学校教授，民族音乐研究室研究员。为“春蜂乐会”主要作曲家。《摘花》《金梦》曲集是他与钱君匋、陈啸空三人创作的合集。1935 年，与钱君匋合编《唱歌》。他用邱文藻名创作儿童歌剧《天鹅》《恶蜜蜂》等。作品有歌曲《赏荷》《农歌》及《抒情歌曲集》《童谣曲创作集》等。

著有《和声学》。

章荣初（1901—1972），原名吉初，又名增华，系荻港章氏三省堂后裔。先后在上海、杭州、湖州、菱湖等地创办了近40家企业，拥有资产一千多万元，成为1949年时浙江省国内资产最多的民族资本家。1946年，在菱湖成立了“菱湖建设协会”，先后投资400多万元建设菱湖，创办今天的菱湖中学、菱湖小学，并资助35名学生进大学或出国深造。章荣初曾变卖住宅捐献抗战。1949年后任湖州市第一届人民代表，企业相继公私合营，余部资产无偿捐给国家。

章宗琪（？—1942），名树德，号伯敬。抗战时期在荻港、菱湖地区成立“苕流文艺社”，出版《苕流文艺》半月刊，宣传抗日，从事救亡活动。与王冼等人发起组织抗日救亡团体“国魂社”。1937年加入中国共产党，曾任中共吴兴县菱湖区委书记、荻港镇镇长等职，1942年逝世。

陈啸空（1903—1962），荻港人，原名李恭，从湖州师范学校毕业后，于1922年入上海师范专科学校学习音乐、美术。先后在湖南第一师范学院、长沙岳云学校艺术专修科、桂林第三中学、上海艺术大学等地任教，以啸空命名乐器厂。是“春蜂乐会”作曲家之一，为中国现代音乐教育的先驱。他创作的儿童歌曲有《小学生唱歌集》《牧童》《孩子们的甜歌》等。为郭沫若诗《湘累》、田汉《沙乐美》谱曲。传世之作为《湘累》。

朱湄深（1910—1987），原名永鸿，又名粲，号霞飞，荻港朱氏华德堂出身，为诗人、书法家。1925年秋，去长兴县道生钱庄做学徒。1926年起在上海《小说世界周刊》、《开明》半月刊、《艺风》月刊发表作品。1930年，出版第一本诗集《期待》。1930年9月创办《湖州报》，并与友人建立流星文学社，出版《流星文学丛书》《星小丛书》及《流星》周刊。1936年至1937年，联合中国诗歌会湖州分会会员创办旸谷文学社，出版《旸谷》周刊，应聘为中国俗学会在杭州主办的《妇女旬刊》《妇女与儿童》周刊特约撰稿人，并为《湖报》主编《民间》周刊。抗日战争爆发，与他人在湖州举办《救亡三日刊》。湖州沦陷后参加朱希部队，任秘书。1943年7月29日，在德清县境内为日伪所俘，年底脱险。中华人民共和国成立前夕，兼湖州中学总务主任，清点造册全部校产和档案，中华人民共和国成立后移交军管会、军代表。1951年，被误判有期徒刑10年。刑满释放后，在吴兴县下昂公社插队落户当会计。1979年回湖州中学任教，并参加了《湖州市地名志》的编写。应湖州市博物馆之约注释《湖州史料》。1984年彻底平反。著述主要有新诗集《期待》，散文集《秋花集》，旧诗集《好歌集》《霞飞诗选》。传略辑入《中国民间文艺家辞典》《浙江古今人物辞典》。

章德慎（1914—1999），章宗元之子。1949年后，历任南京市电业局副局长兼总工程师、江苏省电业工业局副局长兼总工程师，是第三届全国人大代表、第五届江苏省政协委员、中国电机工程学会理事、江苏省电机工程学会理事长、中国农村信息网三届理事长。

邱星（1914—2010），荻港邱氏后裔，字云泽，别署碧禅轩，是我国著名的书法大师、古文字学家。邱星幼承家学喜爱书法，受清代大家吴大澂影响专攻金文石鼓，却不单宗一器，熔两周金文于一炉，颇得精髓。书印作品多次入选国内外大型书法展览并在专业报刊发表，为博物馆、纪念馆收藏或被碑刻。邱星是中国书法家协会会员、西安市书法家协会副主席、中国舞台美术学会会员，西安市文史研究馆馆员，在中国书法界享有盛誉，是当时“书坛四老”“长安四老”“关中四老”之一。他治学严谨，在中国古文字研究界声望颇高，是湖州市第一届国际湖笔文化节特邀嘉宾，2002年为湖州“百笔图”展题写展名。

章元龙（1915—1990），和孚荻港章氏三瑞堂出身，章鸿钊之子，系物理学家、晶体学专家，1956年加入中国共产党。1937年毕业于辅仁大学物理系，历任北平研究院上海镭学研究所助理员、上海宇宙药厂技师、南京地质调查所技正、中国科学院地质研究所研究员等职。中华人民共和国成立后，曾任中国科学院上海硅酸盐研究所研究员、中国矿物岩石地球化学学会理事。1956年获国家自然科学三等奖，1957年至1958年在民主德国科学院访问研究，其人工水晶研究成果获国家新产品一等奖。主要论著有《亚甲兰分子的排列吸着于固体表面及结晶成一薄膜》《差热分析的理论与实践》《三水铝矿加热相变化的新研究》《高岭石放热反应的研究》等。

吴学愚（1915—2000），字梅叟，号兰翁、愚公，系荻港成伦堂后裔，吴剑飞之子。1939 年毕业于国立上海医学院，是我国杰出的耳鼻咽喉科专家，也是头颈肿瘤外科的先驱者和喉再造手术研究的先导者，系博士生导师、终身教授，为上海医科大学眼耳鼻喉科医院院长和耳鼻喉科权威。吴学愚是卫生部医学科学委员会耳鼻咽喉科专业委员会委员，第二至第五届全国耳鼻咽喉科学会委员、副主任委员、名誉顾问，上海市医学会理事，上海市耳鼻咽喉科学会主任委员。1972 年 10 月，随中国医学代表团访问美国，尼克松总统亲自接见并合影。绘画请益于王秋野先生，晚年擅画国画，所作兰花清雅脱俗，最喜红梅题材，可惜作品不轻易示人，故存世极少。吴学愚是上海半江诗画社副社长、中华诗词学会会员、上海市美术家协会会员、上海徐汇画院顾问等。作品多次在沪展出，被陕西省历史博物馆收藏。出版诗集《枫林晚歌》，作品入选《当代中华诗词选》《中华诗词》等。传略辑入《世界文化名人辞海·华人卷》《中国当代艺术界名人录》等。

华君武（1915—2010），系荻港章氏清芬堂孙女章兆方之子，别名华潮，中国当代著名漫画家。1934 年，与蔡若虹、张谔举行“三人讽刺画展”。历任《东北日报》《人民日报》记者、文学艺术部主任，中国美术家协会秘书长，中国文联委员等职务。作品辛辣地讽刺了社会上种种丑陋落后现象，构思巧妙、入木三分，出版有《华君武漫画选》《华君武漫画》和《我怎样想和怎样画漫画》，另有讽刺诗、文字插图等。曾创作动画脚本《骄傲的将军》《黄金梦》等。

吴厚贞（1916—？），出生于荻港吴氏传德堂。十四岁离开荻港到上海读中学，以优异成绩考取南京政治学院，因抗日战争爆发提前毕业。曾任四川省隆昌县禁烟处处长、隆昌县县长。曾以优异成绩考入国民政府外交部，任外交部电报处三处处长。1946 年赴美国参加第一次联合国大会，任代表团机要组长；1952 年秋，联合国在巴黎召开第七次大会，任代表团一等秘书。在联合国代表团工作七年，为中国的外交事业做出了贡献。离开外交部后移居美国芝加哥。在吴厚贞、张世权博士等华侨的策划下，1963 年成立了中美教育基金会，由张世权博士担任首任会长，1977 年改会长制为董事长制，吴厚贞担任首任董事长。在芝加哥曾任南京政治学院芝加哥校友会会长、芝加哥社团联合会会长、侨务委员会顾问等，1985 年退休后居住在美国佛罗里达州西岸中部的一个小岛上。

章祖涵（1917—？），字竹虚。早年进修于日本农林省园林试验场，历任国家燃料工业部电业管理局、青岛市农业科学院副研究员，获国务院政府特殊津贴。其《山东苹果砧木资料研究》获农牧渔业部技改一等奖、国家科技进步二等奖，发表科普资料 70 余篇。

吴朴（1923—？），字子廉，别署伴梅居主人，出生于德清县武康镇三桥，系荻港吴氏余庆堂后人，有“江南梅王”之美誉。为著名吴门画派席茂斋入室弟子，书法习何绍基、陆润庠，尤工榜书。早在 20 世纪 50 年代，其作品就同潘天寿、诸乐三等大师的作品一同参加浙江省第一届美术展并获奖。绘画艺术被美术评论家誉为“高古、清素、朦胧、传神”。画作古朴、拙巧、宽博、厚重，既有诗韵，又含金石气，更具有书卷气与书法之美。尤以画梅花见长，人称“吴梅”。1999 年，深圳红荔书画馆、台湾梅花书画馆、美国纽约翠园艺术馆联合为吴朴绘画艺术举办巡回展，域外华人争相收藏。浙江西泠印社为其出版《吴朴书画集》，湖州市建造了“吴朴艺术馆”。2012 年 4 月 26 日，吴朴书画艺术作品在湖州职业技术学院举行了捐赠仪式。

章开沅（1926— ），系荻港章氏清芬堂后裔，我国著名的历史学家、教育家，美国奥古斯坦那学院（Augustana Collage）荣誉法学博士。早年就读于金陵大学，长期执教于华中师范大学，曾任校长。曾任国务院学位委员会历史学科评议组召集人，是享誉国际的中国辛亥革命史研究会、华中师范大学历史研究所和中国教会大学史研究中心的创办人和领导人，并创立了章开沅东西方文化交流学术基金会，被誉为“将中国的辛亥革命史研究推向国际”和“让国际教会大学史走向中国”的著名学者。章开沅还是卓有建树的教育家，为培养史学人才做出了突出贡献。编著有 120 万字的《辛亥革命史》。致力于研究已故金陵大学贝德士教授档案，论文在国内外影响很大。有《辛亥革命与近代社会》《中国教会大学的历史命运》《文化传播与教会大学》《张謇传》《实斋笔记》等著作。“学大则君子之德崇，言远则君子之业广”是学界对他在治学与育人方面的中肯评价。2019年获吴玉章奖。

章宗涉（1930—　），号元文，曾用名章宗泽，上海师范大学生物学教授、中科院水生生物研究所博导，九三学社成员，曾任全国青联委员。1951年毕业于上海光华大学生物系，在中国科学院水生生物研究所（所址上海）从事藻类学研究。1952年被中科院选派至哈尔滨外国语专科学校进修俄语，1954年提前毕业后借调至中科院学术秘书处顾问办公室任俄语翻译和著名生物学家童第周的秘书。1956年回研究所（所址武汉）工作。1985年调入上海师范大学生物系，任应用生态研究室主任、环境科学和环境研究所顾问及上海师范大学与上海农学院联建的应用生态研究所所长，致力于水生生态学的教学和研究工作，是中华人民共和国成立后我国自己培养的首批从事水生生物学的研究人员。在水体生态学调查、水体生物生产力、藻类生态学、水污染生物监测和生物处理等领域做了一系列开创性工作并取得了丰硕成果。是中国"人与生物圈"国家委员会委员、《生态学杂志》编委。有专著《水生生物学》《淡水浮游生物研究方法》等10部，发表论文60多篇，出版译著、译文11部（篇）。曾荣获省部级科技成果二、三等奖，中科院技术改进四等奖，国家新闻出版署优秀科技图书二等奖等，学术影响很大，享受国务院政府特殊津贴。

沈益民（1930—　），1930年5月生于荻港朝东埭沈氏昌顺店。1950年在上海市黄浦区公安分局工作，1981年调任国家统计局人口司司长，高级统计师。著有《中国人口迁移》《近三十年世界人口普查和人口概况》等。

章德昶（1932—1990），系荻港章氏振麟堂后裔，生于上海，教授。1956年毕业于北京对外贸易学院，毕业后在电力建设总局任全国德国专家组长秘书兼翻译。每年都在国务院招待各国贵宾及专家的国宴上担任翻译。1978年调中国电力科学研究院研究生部任教。1984年，由水电部派往卢森堡维昂登水电站进行技术交流。1985年，调华能国际电力开发公司任条法部经理，为公司的注册成立做出了贡献。1986年，赴德国拉麦尔（Lahmeyey）国际工程咨询公司条法部作业务交流，受委托为公司制作翻译了音像脚本，并与石怀恩同声解说。译有《制版照相术》《卢森堡乌尔河电力公司维昂登抽水蓄能电站》《油务手册（润滑油）》等专著。

章继高（1933—　），荻港章氏振麟堂后裔。1954 年毕业于南京工学院无线电系，博士，北京邮电大学教授，博士生导师，国家中青年有突出贡献专家，全国优秀教师，多次获北京市优秀教师奖。发表论文 150 余篇，研究论文分别载于波兰与美国的学术杂志上。获国家自然科学三等奖和美国安普公司总部突出成果奖，成就被收录在国际知识分子名人传记中。是清华大学、东南大学、哈尔滨工业大学等校兼职教授，美国 AMP 公司兼职顾问，国际电接触顾问委员会委员 IEEE CPMT 学会北京分会副主席，中国电接触学会主席，美国 IEEE 第一技术委员会 TC-1 委员（二届）中国电子学会会士，中国通讯学会会士。多次应邀赴欧洲、美国和日本讲学。2007 年获 IEEE 霍姆科学成就奖（Ragnar Holm Scientific Achievement Award），该奖是电接触科学领域国际最高声誉的奖励，他是获此殊荣的首位华人科学家。2019 年，获得了由中共中央、国务院、中央军委颁发的“庆祝中华人民共和国成立 70 周年”纪念章。

章宗城（1935—　），系荻港章氏寿凝堂后裔，历任东华大学机械制造研究室主任、教授，日本东京农工大学工学部访问学者、全国机械工程学会摩擦学专业委员会委员。研究方向为金属切削、表面工学、摩擦学。他行事低调，工作热情饱满。退休后任兴中行兴合投资有限公司高级顾问。

章宗穰（1936—　），1957 年毕业于北京师范大学化学系，任上海师范大学化学系教授、博士生导师、系主任。还担任中国化学传感器专业委员会主任，专于电化学研究，享受国务院政府特殊津贴，是全国教育系统劳动模范、上海市第九届人大代表。著有《运动中的分子热力学与反应力学》等著作，是上海市重点学科“物理化学科”的带头人，先后获国家发明奖及上海市科技进步奖。多次赴国外讲学，从事合作研究，是两份国际杂志编委及国际会议大会报告人。

朱立人（1936—　），系荻港紫阳朱氏后裔。曾就读于湖州中学，后考入北京俄文专修学院。曾任北京舞蹈学院舞蹈史论系主任、教授，兼任中华全国美学学会常务理事、副秘书长、中国舞蹈家协会芭蕾理论委员会常务委员、中国国际文化交流基金会理事，退休后任上海远东芭蕾艺术学院艺术总监、文化部中国演出中心演出总监。

朱古香，生卒年不详，荻港鸿志堂出身，是朱五楼侄儿。任正大公司经理，为荻港建立武装护渔队，开全国之先。后居住中国台湾台北市。2000年6月，湖州旅台同乡联谊会在台北成立，被推举为会长。

章开和（1943— ），系荻港章氏清芬堂后裔。1956年毕业于复旦大学物理系无线电电子专业，复旦大学物理学教授，享受国务院政府特殊津贴。从事模拟集成电路计算机辅助设计的研究，并参加美国加州大学伯克利分校集成电路辅助设计研究。1989年，获国家教委科技进步一等奖、国家科技进步二等奖。与人合著《集成电路设计原理——模拟集成电路》《数字集成电路分析与设计》。曾任美国在上海外资企业研发中心总经理。退休后创办FPGA（现场可编程门阵列集成电路）设计企业。2019年，获得由中共中央、国务院、中央军委颁发的“庆祝中华人民共和国成立70周年”纪念章。

章宗麟（1932—？），系荻港章氏寿凝堂后裔，现为澳大利亚环球航行公司董事长。2001年7月8日从澳大利亚悉尼市来故乡寻根，满怀乡情，把章氏家谱带到了澳大利亚。联络80多位同族，出资续修章氏家谱至十九世，提出要在积川书塾基础上办一个“中外文化书院”。

章学凌（1929—？），又名静江，荻港章氏清芬堂出身，现居香港。任中华中医师公会理事长，全香港中医师公会联合负责人之一。为联合国国际科学与和平周得奖人、侨港中医师公会会长，中华中医药研究院院长。

章德瑛（1922—2015），又名紫石，荻港章氏慎余堂后裔。曾任上海《真报》社长、无锡市锡剧院导演。改革开放后，任中美合资贝贝制鞋有限公司董事长、总经理。近年带领族人捐款植树，美化家乡。

吴林枫，荻港人，生卒年不详，中共地下党员。1936年冬由组织派遣来湖州农村发展党组织，开展抗日救国运动，在荻港李市古庙开办学校，以教书为掩护，在荻港、菱湖、袁家汇等地青年中开展宣传活动，组织读书会。在荻港老家办起图书室，组织“苕流文艺社”，出版《苕流文艺》半月刊，宣传抗日，带领骨干参加“国魂社”，鼓舞斗志。

姚伟达（1942— ），荻港章氏寿凝堂出生，母亲是荻港章氏第十五世孙女章祖成。1964年，毕业于浙江大学数学力学系应用力学专业，任上海核工程研究设计院副总工程师、技术顾问、专家委员会委员。参与秦山核电站设计运营管理，援建巴基斯坦核电站，从事核电行业40多个春秋，是反应堆结构力学领域的资深专家。获得过"全国优秀科技工作者""全国五一劳动奖章""全国先进工作者"等荣誉，享受政府特殊津贴。获国家科技进步三等奖、部级科技进步特等奖、国防科工委国防科学技术一等奖等多项奖励，是中华人民共和国成立六十周年华诞共和国建设者一千名入围者之一。2019年获得由中共中央、国务院、中央军委颁发的"庆祝中华人民共和国成立70周年"纪念章。

章德瑞（Robert Tchang，1948—2017），系荻港章氏鸿仪堂后裔。父章宗琦病故后，随母成为继父瑞典亲王斯格瓦德·贝纳多特（Peined Sigrcad Bormidote）继子，改名罗伯特·章，为瑞典王子。有着中国血统的罗伯特·章，1998年携其祖父章祖申于1920年呈交当时我国政府徐世昌大总统致瑞典国王的国书复印件，至我国驻瑞典大使馆要求协助寻根探亲。1998年偕妻卡特琳娜从瑞典来到荻港，受到家乡百姓的热烈欢迎。他从荻港章氏家谱中找到了其祖父、父亲的名字，并将他及儿子的名字载入家谱。回国后，为故乡村委会题写"荻港村"村名。同年8月在瑞典赫尔辛堡市首次举办了"中国日"活动，邀请了湖州市代表团，积极推动瑞典与中国的经济贸易。

邱宗康（1951— ），字碧禅，邱星之女，祖籍荻港村。毕业于北京师范大学中国书法艺术专业，是国家一级美术师，任中国书法家协会第六届理事、陕西省书法家协会副主席兼秘书长。她将青铜器上的铸造文字成功演绎在宣纸上，并赋予沉稳又潇洒的生命律动。她总结出"得心应手地使用古文字进行书法创作的八种方法"，并身体力行地实践推广。其金文形意书法作品在上海世博会、西安世园会作巨幅作品展，并作为一些旅游景区的摩崖石刻、楼堂馆所的匾额、著名地点的碑刻、艺术馆长期陈列等。研创"墨彩金文"。多次在国内外书法展上获奖。为故乡荻港一景"崇文园"篆刻园名。出版著作《墨海情韵》《大篆书艺散论》《古艺新辉》《中国书法——章法大观》

等。人民美术出版社出版了《中国当代书法名家——邱宗康卷》。

张志成（1945— ），和孚镇长超村人。中国科学技术大学博士、教授、博士生导师，曾两次在日本东京大学工学部做访问学者。1992 年获国务院政府特殊津贴。现任中国科技大学辐射化学技术研究所所长、科大创新股份公司副总裁兼辐化分公司总经理。编著《高分子辐射化学》。取得三项国家发明专利、四项省部级科技进步奖。对发明专利进行开发，形成了辐射法生产的系列乳胶产品，并取得了两项国家级“火炬计划”和一项重点国家“火炬计划”的支持。该项产业是科大唯一的上市公司创新股份公司的支柱产业之一。

章振国（1948— ），系荻港外巷埭震泰店章氏商贸世家之后。云南大学毕业。曾任云南省昆明市市长，中共云南省委副秘书长兼办公厅主任。退休后定居昆明。他关心故乡发展，为湖州市开发西双版纳牵线搭桥，为《人文和孚》写序。

张世毛（1948— ），男，字明亮，重兆张村张家圩人，国家一级美术师。1968 年入伍，多次受到嘉奖。先后任白蘋洲饭店、莲花庄宾馆、国际大酒店总经理。喜爱书画，拜李英先为师，为其入室弟子，得到谭建丞、朱关田、吴寿谷等亲授。2012 年 12 月，将自己多年来的书画作品，在湖州、苏州等地进行慈善捐赠义卖活动，所得拍卖款 40 余万元全部捐给社会弱势群体。2013 年 3 月 28 日，他将与湖州电视台合作拍卖所得的 14.8 万元捐给湖州市埭溪镇红旗村退伍军人郑振华换肾所用。

陈珍美（1952— ），女，重兆张村陈家埭人。曾在张村小学任教，1971 年被推荐到北京外国语学院就读，毕业后进外交部工作，被派往新西兰维多利亚大学进修两年。1977 年始在驻苏丹和科威特大使馆任随员、三等秘书，在外交部新闻司任新闻发布处、分析处和外国管理处处长，中国驻巴林大使馆政务参赞，中国驻伊拉克大使馆副司级政务参赞等。

蔡福民（1959— ），男，汉族，长超人，中共党员，湖州市委组织部正局级常务副部长，第七届湖州市人大常委会副主任。曾在空军高炮三师服役，1984 年入桂参加对越自卫反击战，任空军高炮三师九团指导员。在部队期间多次荣立三等功，获南京军区空军优秀基层政工干部荣誉。2016 年在全省地级市首先组织开展民生实事代表票决制并获推广。在全国中文核心期刊、人大复印资料等杂志发表党建研究论文 30 多篇。《湖州市“干部考核机制创新”项目陈述》获第五届“中国地方政府创新奖”提名奖。

章家兴（1960— ），系荻港章氏成绪堂后裔，著名歌唱演员、电影演员，艺名银霞，旧金山马林大学毕业。1977 年回台湾发行第一张个人专辑唱片《秋诗篇篇》踏入演艺圈，是 20 世纪 80 年代风靡中国台湾的校园歌曲歌后、影星、电视节目主持人。歌曲专辑有《小秘密》《日落北京城》《可爱的家乡》《兰花草》等。

章宗珉（1961— ），系荻港章氏成绪堂后裔，1979 年考入同济大学，毕业后在商业部设计院工作。20 世纪 90 年代初回到上海，在上海市房地局房产公司工作。90 年代中期组建了自己的民营房地产公司，任上海众佳实业（集团）有限公司执行董事。

第五章 和孚的民间文化

民间传说

一些影响深远的民间传说常与当地的风土人情相结合，并在流传过程中经过提炼加工，因而具有传奇色彩，故事情节既与现实生活有直接的联系，其发展又合乎生活的逻辑。这些民间传说通过偶然、巧合、夸张的情节使故事情景交融，既富于生活气息，又显得离奇动人，深得百姓喜爱。

女娲与西北风的传说

孩童时期，我们便听过无数神话故事，《女娲补天》传说最为耳熟能详。这个经典的传说被认为是有关人类的起源。在和孚镇，女娲的故事又有了新意。传说当年孙悟空大闹天宫，在天上踏塌西北一只角，因为西北方向是个冰窟，一到冬天寒风刺骨，百姓冷得发抖。女娲看到她的孩子受苦，非常痛心，就下决心要把孙悟空踏塌的天上西北那个窟窿补好。拿什么东西补呢？女娲一时也找不到当年炼过的石头，她看到山上有成片的柳树，就想，何不先用枝条把那个窟窿堵起来。女娲作起法来，把柳枝运到了西北方，用一根根柳枝把那个窟窿补起来。西北风变小了，天下的百姓都笑了。可没有想到，到了冬天，柳枝枯掉了，窟窿中出现了许多缝隙，所以冬天一到，西北风就呼啸而至，而到了春、夏、秋季，因有柳叶遮挡，西北风就小多了。

塔影桥桥名的来历

据和孚镇村民章明夫讲述，荻港上堡村有个塔影潭，河上有一座塔影桥，那么，这个潭名和桥名是怎么来的呢？据说，唐代有个皎然和尚，他云游到荻港谢家湾，因村里人家都姓谢，与他同族，村上还有一座庙叫“净古寺”，他就在这座庙里住了下来。后来，谢家湾的百姓要皎然去化缘造一座桥。原来净古寺建在天目山山上，这座山下是一条河，人们在山上造了一个宝塔，皎然化缘后在这里造了一座桥，可一时想不出给桥取什么名字。一天下午，皎然来看石匠造桥，无意之中看到了宝塔的影子正好落在桥上，便灵机一动，何不取名叫“塔影桥”呢？就这样“塔影桥”出名了，桥下的那个水潭也被称为“塔影潭”了。

和孚漾与龙头山的传说

相传在很久以前，和孚是一马平川、物产丰饶的好地方，人们过着无忧无虑的生活。有一天，一条白龙路过，看到这里美景如画就想在这里暂作休息。没想到却遇到了一个道士，这道士以为白龙是个妖精，便要作法除掉它，两方相争之下，白龙吐出水柱，这些水喷到了地上，将大片村落、良田和桑地都淹没了，就这样，成了今天的和孚漾。这道士法术高强，和白龙斗了许久，一刀砍下了白龙的头，却发现砍下了头也没伤及白龙的性命，于是变出一座庙压在了龙头之上。日复一日，年复一年，龙头慢慢变成了化石，后来就变成了一座山，就是现在人们所说的龙头山。

说书先生斗乡绅

从前荻港茶店有个书场，因为荻港人喜欢听说书，所以书场很热闹。有一年冬天，湖州来了一位说书先生，因为说得好，书场里座无虚席。荻港有个乡绅吴竹筠，天天来占牢状元台的座位，又听书又吃茶，而且是白吃白听，不出一个铜板，还常常抓说书先生的小辫子，听书人对他这种做法都看不惯。有一天，说书先生走到台上说："今天的开场白是讲一个故事，叫《龙王做寿》：海龙王要做八十大寿了，他下了一道命令，凡是满一斤重的虾兵蟹将都可以来吃寿酒，我叫夜叉守门。这时来了一只小乌龟，说是来吃海龙王寿酒的，夜叉看了看对它说：'你不到一斤重，是不能吃寿酒的，还是回去吧。'小乌龟没办法，只好回去了，路上碰到一条泥鳅，泥鳅说也是去吃海龙王寿酒的，小乌龟就跟它讲了自己进不了门的原因，泥鳅呆住了。这时候游来一个田螺，问它们站在这里干啥，小乌龟和泥鳅讲了因为自己不到一斤重，所以不能进门去吃寿酒的事。田螺想了一下说：'我倒有个办法可以进去吃寿酒。'小乌龟和泥鳅叫它快点讲来听听。田螺说：'乌龟大哥有半斤重，泥鳅姐姐至少也有三两重，我至少有二两重，我们三个加起来不是有一斤重了吗？'那么怎样才能把它们三个加在一起呢？大家动了脑筋后决定，田螺趴在乌龟头上，好像是一顶帽子，泥鳅盘在乌龟的脖颈上，好像围了一条围巾，这样三个加在一起就有一斤重了。于是，小乌龟、泥鳅、田螺三个叠在一起来到龙宫门口，夜叉一看，乌龟又来了，便挡住大门不让它进去，乌龟说：

'夜叉大爷，我头戴礼帽，身穿盔甲，颈围围巾，足有一斤重了，就让我进去吧！'夜叉把它称了一下，真的超过一斤重了，于是，就让它进去吃寿酒了。"说书先生故事讲到这里，吴竹�听了，立起身拍拍屁股灰溜溜地走了。

吴竹�为什么走了呢？原来他来时头戴西瓜皮帽子，颈上围着真丝绒围巾，乌龟、泥鳅、田螺的装扮不正是他的形象吗？吴竹筠成了乌龟了，而"吴竹筠"三个字的谐音是"无足斤"，这是在指名道姓地影射他呢。所以，吴竹筠就绷着脸走出了书场。那位说书先生呢，这一场书说好后，也打起包裹离开荻港了。

三棵古树的故事

在陈塔村蟹墩子南面、港北西侧和木旺村北侧有三棵古树，即白杨树、银杏树和樟树，传说是在元末明初时根据刘伯温的提议同时栽种的。在三棵树下发生过很多历史事件，比如农会开会、抗战时民间武装在树下练兵、处死汉奸等。到 1949 年底时，这三棵古树可以说是"膀大腰圆"，白杨树的树干四个成人合抱还抱不住，银杏树的树干五个成人合抱还抱不住，樟树的树干七个成人合抱还抱不住，它们是陈塔村的村树，在本地很有知名度，也是陈塔村的地标，陈塔村的乡亲说起当年的这三棵古树，至今念念不忘，也是外地游子的乡愁树啊。

据村里老人回忆，白杨树大约在 1952 年被砍、樟树在 1954 年被砍、银杏树在 1958 年被砍。据说当年砍伐下来的树枝被镇木器社用于制造各类木器农具、家具，直到改革开放初期木料还有剩余，可见木材之多。

"半仙"陈冬双逸事

陈冬双，小名二冬，约生活在乾隆至嘉庆年间，家住陈塔村北珠自然村庙前滩旁。父亲名实，早年去世，母亲孙氏，母慈子孝，相依为命。

传说之一：嘉庆二十七年，吴道圩娘舅家建造新房，母亲孙氏去帮衬，唯冬双一人在家，便独自去田间玩起建房的游戏。他以泥块垒墙，芋艿的梗做"梁木"，再捏一小泥人为"木匠"，攀放在"梁木"上，玩腻了，就用刀一斩，芋艿梗就断了，"木匠"从梁上跌下，摔断了腿。此时，恰巧娘舅家上梁的梁木也突然折断了，木匠从房顶跌下，摔坏了腿。娘舅知道冬双惹祸了，立刻找到冬双说明原委。冬双说："不碍事，我有办法。"冬双用竹签接牢已被斩断的"梁木"，把泥人的断腿接好，再去娘舅家，用大红布在梁木折断处包好，用三枚"顺治"铜细钉嵌在梁木内，梁木立即完好无损。任凭钉椽、盖瓦，无碍于事。此时，木匠腿伤亦愈。

传说之二：陈塔村兴始于战国后期，自从有村庄和人口之日起，就有种桑养蚕之业，至清乾隆时，早已积累了一套种桑养蚕的经验。种桑要勤除草、治虫、整枝、补苗及施肥等。陈塔人有独到的施肥方法，即罱泥浇地。这是一种既不花钱，又能改良土壤、疏通河道，且效果绝佳的方法。备一小木船、罱部（竹编的夹，装有两篙为柄，用于夹取河底淤泥）、扦部（木制的，如勺形，装有长柄，为高处或远处甩泥之用）各一件。先由罱泥工站在小船中舱后板上，手提罱部，往河底夹取淤泥。古人钱载《罱泥》诗云："两竹分手握，力与河底争……罱如蚬壳闭，张吐船随盈。"至小船舱满后，停靠在地滩边，用扦部把舱中的淤泥往桑地上甩，一舱泥约费时半小时至三刻钟。若河中水位高，桑地地形低，只需罱泥工一人即能完成作业。若河水浅，或桑地地形高，那就需要另外再用人，在地边挖一坑，罱泥工把河泥甩在坑中，再由搬塘工把坑中的河泥往桑地上甩，是一种层层传递的方法。桑地的四周，事先要扒好围口，因河泥是液体状，无围口会向低处流完，这是以前罱泥的全过程，但这种方式至今已经失传。每年的冬春季节，是罱泥的最佳时机，某年，村上一陈姓大户，人称陈大老板，新造一块约五分面积已全部种好桑苗的地，请冬双罱泥浇地。冬双拿了罱部等工具，划小船停靠在地边，躺在船艄上睡觉。至中午时，陈大老板派用人送午饭给冬双。用人唤醒冬双让他吃午饭，饭后，冬双仍旧睡觉。至下午吃点心时，陈大老板听用人说，至中饭时冬双尚未动手罱泥，所以亲自送点心到地边看个究竟，一见冬双果然仍在睡觉，心中甚为不悦。一天时间已过去三分之二，怎么桑地无一点河泥呢？冬双照旧吃点心，见陈老板忧急的样子，就说："不碍事，我有办法。"陈大老板十分不满地回家了。点心吃了，觉也睡足了，老板也走了，冬双就开始罱泥，他一不用罱部，二不用扦部，双脚各踏左右船舷，用力往两边一踩，小船往左右各一偏，就会装上满满一船河泥，他就连船带泥捧起来往桑地上倒，速度快得惊人。原需三天工时的活，他只消一个时辰，地上的桑苗被河泥灌溉得仅露出几寸树梢。冬双做完活回陈家，准备吃晚饭，可陈老板送点心回家不久，用人尚未烧好晚饭。陈老板一见冬双就问："你怎么回来了？罱了多少泥？这块地还需几天才做完？"冬双回答："已经做完了，泥恐怕罱得太多了，你明天雇人去把桑苗往上拔一拔，否则泥太深，恐桑苗不发。"陈老板听了，将信将疑，哪能等到明天，马上拔脚就往桑地跑。一看，傻了眼，一个时辰前，桑地还是空白一片，怎么眨眼的工夫，连桑苗都快被河泥淹没了。陈老板快活得合不拢嘴，喃喃自语："神也！真神也！"

陈老板雇人把整块地的桑苗全部往上拔起一截。这一拔，一是把原本弯曲的根系扯挺了，有利于桑苗成活生长，二是被扯起的桑苗根系正处在河泥与本土之间，得到了肥料与水分的滋润。因此，陈老板的桑苗，春后比别家桑苗长得更为茂盛。后来，陈塔人和附近桑农凡是新种桑苗，掘坑填土后，总要把桑苗轻轻往上一提，将桑苗根系扯挺，这样成活也快，长势良好，这方法一直沿用至今。有人问起陈大老板冬双为其罱泥之事，他总是笑呵呵地说："夫冬双罱泥，时俭量足，人舱泥三刻，双仅三分，双，神人也！"于是，村里凡是自己无能为力罱泥的人家，罱泥的活全由冬双包揽，冬双应接不暇。

传说之三：冬双家贫，无田无地，每到农忙季节，经常给人帮工。二十五岁那年春天，他和陈昆、刑仲三人帮别人家种田，上午把田耕耘完毕，午饭后开始种田。可是，那天刚巧李市有京剧演出，听说其中一出《吊金龟》的老旦戏是康氏教育儿子张义如何尽孝。冬双是孝子，自然不肯放弃这个机会，他就动员陈昆、刑仲三人一起去李市看戏。陈昆、刑仲两人犹豫，认为吃人家的饭，拿人家的钱，怎能不为人家种田而去看戏呢？他俩有良知，决定不去。冬双无奈，只好一人去看戏。临走时，把一双蒲鞋脱在了田边。

且说陈昆、刑仲两人正准备种田，突然发现田里有两条金黄色的大鲤鱼在游弋，每条足有十斤重，而且田内积水不深，鲤鱼的背鳍也露出了水面，这诱人的情景，让陈昆和刑仲早已忘记"吃人家的饭，拿人家的钱，怎能不为人家种田"的想法了。两条大鲤鱼在田间东逃西窜，游得飞快。陈昆、刑仲竭力追捕也很难捉到。他们追捕了很久，满头大汗，浑身泥水，精疲力乏，可是两条大鲤鱼还在悠然地游弋。不知不觉，已将红日西沉，冬双看完戏也回来了。陈昆、刑仲感到十分尴尬，把刚才捉鱼之事说了。冬双笑着说：“这哪是什么鲤鱼，分明是我的一双蒲鞋。”说罢，把蒲鞋往脚上一套，两条鲤鱼也就无影无踪了。眼看天色已晚，三人若要把田种完，恐怕天上要出星星和月亮了，怎么办呢？冬双说：“不碍事，我有办法。”他们先把秧苗打好，冬双拿出潮烟撒在田边，大声地说：“泥咯嘟（一种黑色小蛙，以鸣叫声“咯嘟，咯嘟”而得名）们，大家快来吃潮烟，吃完烟帮忙种田。”很快，附近田中近千只“泥咯嘟”纷纷前来争吃潮烟，抢田种，顷刻间，把一片田的秧苗全都播种完毕。此事被冬双的母亲孙氏知道了，她把冬双教训了一番：“二冬啊！做人要正直无私，对待朋友要真诚坦率，不可以戏弄人家。”冬双认为母亲教训的是，事后向陈、刑二人表达了歉意。

传说之四：陈冬双是个既勤劳又勇敢的人，农忙季节帮人干活，农闲时摸鱼捉虾，从无停闲之日，尤其有一套捉田螺的本领。别人捉田螺是巡视在田间，寻到一个捉一个。冬双捉田螺同赶鸡鸭一样，手拿竹梢，嘴里喊着“喔嘘！喔嘘！”把田螺赶到一爿田的角落处，用双手一捧一捧地捧。他经常到梅家墩自然村的慈念圩赶田螺，传说以前此圩田间无蚂蟥，是由陈冬双脚上从别处田间带去了一条蚂蟥，脚痒扭断的半条扔在田间，所以慈念圩只有“半条蚂蟥”的说法。此圩面积大，从西边赶到东边，就有很多田螺，因此，三天就可以提百余斤田螺。冬双每隔三天就去杭州卖一次田螺，他去杭州一不乘车，二不坐船，能效法南北朝达摩僧人一苇渡江术。不过，冬双是以芦扉代舟在水上运行，不用柴橹，仅用竹篙。北珠村至杭州城全程百二十里，只需撑三篙半即到，“舟”速惊人。一般早晨出门，到杭州卖完田螺，回家正好吃午饭。孙氏得知儿子能以芦扉作舟去杭州卖田螺，不免担心，故时刻提醒冬双千万要小心，以防意外。冬双总是回答“不碍事，我有办法”。

孙氏对冬双的关爱无微不至，事事关心。最大的心事是冬双已过而立之年尚未娶妻，自以为未尽责而心中不安。而冬双的想法是，母亲年轻守寡不容易，含辛茹苦把自己抚养成人，身为儿子还没有好好报恩。他深谙“不孝有三，无后为大”之理，然而，人生过半依旧孑然一身，未让母亲过上舒心安稳的日子，感到愧对娘亲，故而，冬双对母亲始终言听计从，常以“勤俭家风慈母训”作为座右铭。

封建社会的妇女大多足不出户，对外面的世界一无所知，对杭州这样的大城市更是人人向往。一天，孙氏对冬双说：“二冬啊，你经常去杭州，可否带我一起去玩一次？”冬双明知这是十分危险的事，但娘的要求岂可不允，因此，还是贸然答应了，“不碍事，我有办法。不过有一要求，您在途中不能观看两岸风光，需紧闭双眼”。冬双每次都说“不碍事”，哪知这次要碍事了。孙氏虽为贤良之母，但冒险去杭州，却有欠理智。三天后的一个早晨，冬双搀扶母亲，带上百余斤田螺一起上了芦扉。冬双撑起竹篙，孙氏闭目静坐在芦扉上，只觉耳旁呼呼有声，可知“舟”速飞快。不到一个时辰，便到了杭州。冬双卖完田螺，陪母亲游览了杭州的风光，又买了母亲喜欢的糕点等，母子俩尽享天伦之乐。在回家途中，孙氏依然双目紧闭，但似乎没有去时耐心，时常催问：“二冬，到家了吗？”他们从南边的千亩田港直向北行，至南珠村锡马桥西侧有一约七八亩水面的三步漾。此时，孙氏又催问：“二冬，到家了吗？”冬双说：“快了，还有三步。”孙氏心想，三步不就到了吗？已无所谓睁眼闭眼了，于是睁开了眼睛。岂料，霎时祸从天降，他们乘坐的芦扉即刻往下沉。因“三步漾”南岸尽是桑地，无人家，北岸是庙宇“南圣堂”，亦无人烟，所以无人搭救。可怜母子俩就此双双葬身在“三步漾”中。那年，陈冬双年仅三十六岁，孙氏五十七岁。陈冬双死后，村里人敬重他的忠诚贤孝，赞扬他的俭朴勤劳，仰慕他的神奇法术，惋惜他的英年早亡，因此，在总管堂配殿土地堂东首为其塑神像，建佛龛，让后人缅怀。每逢道场、佛事、庙会，陈冬双像前，总是红烛高照，香烟缭绕。

张安桥庙的由来

张安桥坐落于横港村蔡家兜与菱湖镇达民村史家兜之间，是于清光绪二十三年（1897）建造的一座南北向的单孔石拱桥。关于张安桥庙有这样一段故事：南宋时期，金兵攻打杭州，运粮船只途经张安桥时，看到当地百姓民不聊生，金兵押送粮食的官员不计个人安危，在张安桥放粮，救助饥民。后来，他随粮船到了杭州，因此事被朝廷杀害。本地百姓为了纪念他，就在张安桥放粮之地建造了一座庙宇，供奉他为金老爷。

张安桥庙抗日的故事

据说，1940 年，原重兆乡横港村驻扎了很多抗日的国民党部队，其中钱家埭生产队为抗日总部，邱家兜为前哨。1940 年 6 月 18 日，春蚕刚采摘结束，桑叶正好全部摘掉，村外视野较好。当时，石淙乡施吴村土地庙那里为防止日军军舰，在河港里设置了拦坝。日军翻译借在施吴村老百姓家买蛋为由，打听到横港村钱家埭和木池兜驻扎的抗日军队正在原蔡家兜村的张安桥庙里开大会。于是，十六个日本兵就荷枪实弹，经陆路由石淙乡与重兆乡接壤的施吴高桥进入横港村，准备围剿抗日军队。当日本兵行进到邱家兜小队东面的谢家兜机埠时，看到了北面张安桥庙里有国民党兵，但不清楚具体情况，便向西进入邱家兜清查，质问老百姓哪里有抗日军队，老百姓否认之后，日军就残忍地杀害了邱应林、邱金财和邱祥林三个无辜村民。当邱家兜的枪声响起时，正在开会的国民党抗日部队马上就从张安桥、莫家桥转移到了张村。

潘家门古炮台

1943 年，日军再次来到张安桥庙，那里原本有朝东朝西房屋各五间，第一天，日军将朝东、朝西的房屋烧毁，过了一天，又重返张安桥，将余下的房屋烧光。本想去钱家埭抗日总部扫荡，但因火势太大，根本没有办法过去，于是又转到邱家兜继续烧杀抢掠。当时，为躲避日军的扫荡，有个叫邱阿五的村民在逃亡中不幸在河里淹死。日本军把邱家兜的房屋都烧毁了，在返回途中，又将李家湾及陆家湾的房屋也烧毁了。在“文化大革命”中，村里把这个故事编成“样板戏”，让子孙后代铭记这段悲惨耻辱的历史。

1950 年，在潘家门出土了一座古炮台，现保存于浙江省博物馆。

民间歌谣

民间歌谣属于民间音乐范畴。民间音乐又称民俗音乐、民间短篇诗歌等。民间歌谣是由广大人民群众在漫长的历史进展过程中，通过口口相传而流传下来的音乐形式及作品。无论从使用的乐器、演奏的乐谱还是演奏形式上，都有极强的民族性和地域性，与当地的民俗习惯相融合，展现了各地域的文化与风貌。

《长超山谣》

长超山脚下的长超村流传着有关长超历史和文化的民间歌谣。如《笔立四直到长超》:“庙中庙，塔里塔，桥中桥。窸窸窣窣笠帽桥，眉毛弯弯骆驼桥，打柴湾里桥影桥，南门外头一字桥，碧浪河里亮晶晶，钱山漾里白飘飘，笔立四直到长超。”歌词生活情趣浓郁，展示了极具地域特色的民俗风情和当地人对生活的热爱。

另有歌谣 :“长超山上造炮头，沈湾寺里搬砖头，黄昏做到起早头，吃点腐皮塌饼酥蚕头。挑担砖头上山头，屁股跟着保安队，走得快点踢开脚趾头，走得慢点吃着枪蔀头。”歌谣颇有创造力。

《养蚕谣》

和孚镇地处“丝绸之府”，未至和孚，却已经让人有遍地绫罗的感觉。事实上，勤劳的和孚人古往今来，对丝绸的织造做出了不小的贡献。相较于绫罗，这里更多的是养蚕人。养蚕固然辛苦，但在当地却别有一番生活的乐趣。《养蚕谣》:“大姑娘子来保蚕，沉着稳重好经验，大家齐心同德养，一年丰收在眼前。二姑娘子来保蚕，机智活泼又能干，只要跟着二姑走，满屋茧子如银山。三姑娘子来保蚕，服饰华丽要鲜艳，蚕花插在蚕匾上，蚕花万倍又一年。三个姑娘齐保蚕，闭着眼睛好养蚕，带来蚕花廿四分，皆大欢喜庆丰年。”

《养蚕谣》是长超村章清明老人传唱的，传统的曲调配上通俗的歌词，将一幅热火朝天的养蚕画卷展现在人们的眼前。漂亮聪明又勤劳的姑娘们不停地忙碌着，穿着鲜艳的服饰，脸上挂着灿烂的笑容，满屋的蚕茧像是银山一般，预示着又是一个喜庆的丰收年。

《长工谣》

这首歌谣属于山歌曲调，韵律自由，没有声腔流派，不需要道具服饰，一般是清唱，也可用胡琴伴奏。不分场合，随心所欲，想唱就唱。

正月梅花带雪开，小有上工十三来。

十三勿来十四来，月半十五准定来。

二月杏花白飘飘，小弟比早水来挑。

姐看小弟年纪小，姐帮小弟水来倒。

糖烧鸡蛋白糖汤，小弟吃得拍拍饱。

三月桃花紫多多，姐带小弟去游春。

小弟拿了木鱼蒲灯前头走，姐姐脚小伶仃后头跟。

四月蔷薇满园青，姐带小弟养农蚕。

养了一腔、二腔……六六三十六腔腔腔好，

姐带小弟有功劳。

五月石榴是端阳，小弟起早去拔秧。

小弟挑秧前头走，姐儿脚小伶仃后头跟。

一路来到半路亭，碰着一个龙凤阵头雨。

小弟到我房中转一转，老姜糖汤先冲好，通气退热就介好。

六月炎天似火烧，小弟在三亩田里蹚青苗，树头吹得不毫风。

晨时躺到午时到，一餐点心多落掉。

你到姐姐房中转一转，龙眼枣子绿豆糕。

问你小弟吃得饱不饱，枕头横头还有两包玉带糕。

七月鸡冠紫菲菲，姐带小弟想配夫妻。

姐看小弟心里中，弟看姐儿中不中。

八月桂花阵阵香，姐送小弟乌木烟管白铜梗。

七寸牙嘴含口上，绣花平袋绿苏头。
九月金菊盆里青，姐带小弟城隍庙里去看戏。
小弟得凳前头走，姐儿脚小伶仃后头跟。
糖滚荸荠称介两三斤，青皮甘蔗两头捆。
吃得小弟肚里冷冰冰，还有烧卖热馄饨。
十月芙蓉白牡丹，小弟出外挑稻担。
轻轻担把小弟挑，重重扁担别人挑。
豆腐肩架糯米腰，挑塌肩架病坏腰。
十一月雪花飞得高，姐带小弟房中来掼跤。
掼了一跤又一跤，姐儿脚小伶仃先掼倒。
十二月蜡梅冷清清，小弟打工包裹要动身。
小弟你去了几时来，明年正月十三来看戏。
晴天下雨定要来，落到世界我不来。
没有钉鞋雨伞怎么来，姐儿上楼拿了雪白雪白八百八百白铜钿，
买了钉鞋雨伞落雨世界也要来。

这首朴实通俗，充满乡情乡愿的民谣深受和孚百姓的喜爱。演唱这首民谣的荻港村村民倪根花说，这是她年轻的时候从朋友那里抄来叫人教着唱的，现在好多人已不会唱了。

民间谚语

民间谚语是流传于民间的比较简练、意义深邃的话语，多数反映了劳动人民的生活实践经验，一般都是经过口头传下来的。如我们耳熟能详的“师傅领进门，修行靠个人”，和孚镇的百姓创造性地在其后又加上了几句：“师傅领进门，修行靠个人。”“劈柴不照纹，累死劈柴人。”“吃药不忌嘴，跑断郎中腿。”“无事不登三宝殿。”“舍不得孩子套不到狼。”

许多谚语都与日常生活有关，古代没有天气预报，对于天气的了解基本来源于自己和祖辈的经验。以下是有关天气和生活哲理的谚语：“落雨起泡，

落到造灶。”“冷在风里，穷在债里。”“穷人不生病，好比交大运。”“羊毛出拉（在）羊身上。”“哑巴吃黄连，有苦说不出。”“太阳落山红光泛照，明朝癞痢头上晒起泡。”

这些谚语既描述了百姓的生活，又通过对天象的观察预测未来的天气状况，是劳动人民智慧的结晶。

和孚人朴实宽容，很重视邻里关系，期望乡里乡亲之间有一个和睦的环境。从流传的谚语“邻居好，三分宝”中就可以看出他们追求邻里和谐的愿景。另有：“吃不穷，穿不穷，没有算计样样穷。”“人无远虑，必有近忧。”“浪子回头金不换。”“放长线，钓大鱼。”“退一步海阔天空。”

这些自古流传下来的谚语是先辈生活智慧的结晶，无论是劳动经验，还是与人相处之道，都是留给后人宝贵的精神财富。

民间谜语

谜语是我国民间文学的一种特殊形式，古时称“廋辞”或“隐语”。北宋时期，随着城市经济的发展，市民文化娱乐生活的丰富，猜谜成为市民的一大乐趣。南宋时，每逢元宵节，人们将自己制作的谜语挂在花灯上，供人们边观灯边猜谜取乐。南宋都城临安的灯谜居全国之首，被誉为“灯谜之乡”。明清时期，元宵节猜灯谜更加盛行，并出现了研究谜语制作的专门著作。谜语就这样成了广大群众喜闻乐见的文学形式，并一直流传至今。猜谜是一项非常有趣的娱乐活动，设置谜语的人更是相当的聪明。我们从和孚镇佛堂兜村汪根初那里了解到当地一段非常有趣的谜语：“百万军中无白骑，天边富贵少人住。秦王失了余元帅，马得将军无马骑。吾今不敢多开口，衮衮龙袍失了衣。吃支香烟又要离，毛女犯法腰上斩。分分不得带刀归，丸散妙药无人贴。”

首句“百”字少了“白”，就只剩下“一”了，所以第一句的谜底是“一”；第二句也一样，“天”这个字少了一个“人”，就变成“二”了。以此类推，这十句话的谜底依次是一到十。这种数字谜语既有趣，又颇具智慧。

和孚人留下的有趣谜语还有很多，比如“上无半片之瓦，下无立身之地。

腰里背个葫芦，倒有阴阳之气”“上有粮草堆积，下有四马同行，打开北京城内，内有一口直来”，谜底分别是“卜”和“燕”。

民间舞蹈

民间舞蹈起源于人类的劳动生活，是由群众自创自演，表现一个民族或地区的文化传统、生活习俗及精神风貌的群众性舞蹈活动，所以也称为“土风舞”。民间舞蹈多为载歌载舞的集体舞，动作千姿百态，各具民族及地方特色。舞蹈表现的内容有古代原始社会的狩猎生活、战争经历、图腾信仰及生殖崇拜，也有现代生活各种传统节日里人们表达欢喜之情的娱乐活动，有的结合了各种民俗、祭祀、礼仪活动的遗风。

舞龙表演

重兆村万家门清朝年间就有舞龙队。1999 年为迎接蚕花节，村民用三千多件绿色丝绸做桑叶扎制了一条“双叶龙”，用两万八千多颗茧子扎制了一条“蚕茧龙”，进行“双龙戏珠”表演。这一表演活动一直延续到现在。舞龙时每条龙要有十三人配合，一人舞龙头，十一人举龙身，一人耍龙尾。“双龙戏珠”表演加上锣鼓助威要三十多人共同参与。舞龙有上天、入地、腾云驾雾等变化，主要以挺、举、伸、转来展现龙的姿态。舞龙队队员根据龙珠的动作来展现龙姿的造型，因此，挺龙头的人会紧跟龙珠的变化来举、挺、伸、转，后面举龙身及耍龙尾的人个个跟着龙头的姿态来展现。服饰主要是头上包一块头巾，身穿一件黄色、背后有“勇”字的马褂，脚穿球鞋，鞋头扎一朵五色丝绒花。道具是龙两条，珠及珠杆一个。一般采用锣鼓助威，不需要音乐。

之前，舞龙由九十多岁高龄的范运林和万火成等十三人通过传帮带共舞一条龙，后来发展到三十多人舞双龙。为了能够传承传统文化，现已选择年轻人接班。舞龙属于岁时节令习俗舞蹈，凡有如蚕花节、元宵节等节会都要表演。舞龙队 1958 年在吴兴县传统文艺比赛中获优秀奖；1999 年，湖州市元宵节民间艺术大赛上获得二等奖，共演出五十多场。

舞龙表演

荡口马灯舞

和孚百姓家家养蚕，因而产生与蚕相关的舞蹈——荡口马灯舞。荡口马灯舞起源于清同治年间，因荡口养蚕年年闹病，养不好蚕，导致农民生活受到了很大的影响。当时村里有一位长者认为是“蚕花五圣”马鸣王在作怪，就设法找来一匹马来拜“蚕花五圣”。刚巧当时重兆来了一个马戏团，于是派人从马戏团借来一匹马去家家户户屋内走一圈，并拜了“蚕花五圣”。果然，这一年蚕病真的没了。后来养蚕又发病了，一时找不到马，情急之下，只好用人来扮马演马蹈蚕房，逐步演变成“马灯舞”。“马灯舞”代代传承，形成了现在的“荡口马灯舞”。

“荡口马灯舞”由十三名男子参加表演，一个扮演元帅，五个扮演将官，六个扮演马夫，还有一个敲锣鼓。元帅、将官身穿元帅、将官服，骑在马上，由马夫牵着马表演各种舞蹈动作。表现形式是以场地当舞台来进行串花表演，原有里六层、外六层、元宝形等花样，现在改为大圆、小圆、梅花、弯月、剪刀等多种形状，表演内容为将帅上战场冲锋的舞蹈动作。服饰是白底、洒金、兰花元帅服一套，红、蓝、浅绿、浅蓝将军服五套，黑色马夫服装六套。道具是白、蓝、黄马各两匹，共六匹，马鞭子十二根，马灯六盏，锣鼓一套。演出时没有曲调，只用锣鼓伴奏。马灯舞是由村里的老爷爷陆连清（1908—1978）传给冯菊清、冯土根，并由他们俩通过传帮带发展到十八人，其中六个将帅、六个马夫、四个敲锣鼓的、两人管道具。“荡口马灯舞”1959 年曾参加吴兴县双林人民公社文艺大会演；2003 年参加南浔区首

荡口马灯舞（一）

荡口马灯舞（二）

次经贸恰谈会文艺会演。每年元宵节、重兆庙会、清明的蚕花节等，都会被邀请演出。

陈塔村的“地戏”

“地戏”发起于清同治十一年（1872）后至民国二十六年（1937）之间，正是陈塔村丝绸业火旺之时，经济十分富裕，遂花巨资置办了京剧的戏服、头盔、道具、头饰、髯口等行头，组织成立了北珠社、南珠社、月影会三个戏社。他们学画京剧脸谱，刻苦钻研戏曲知识，经过几十年的实践、传承，积累了丰富的经验，才有了这美妙绝伦、令人叹为观止的“地戏”。陈塔的“地戏”，远近驰名，每年庙会都吸引周边村庄，乃至湖州、菱湖等地的万余群众前来观赏。阵容庞大的出会游行队伍，千姿百态的“地戏”，外行看得眼花缭乱，懂行的看得如醉如痴。

陈塔村出会的阵容气势磅礴，首先由一人肩扛领路牌做向导，牌上书有一联：“逛庙会，拜佛祭神，人声鼎沸闹嚷嚷；观地戏，鉴古论今，陶情作乐喜洋洋。”惟妙惟肖地描述了整个庙会的情景。接着是北珠社、南珠社、月影会三个戏社的三百余人，每个戏社都有自己的锣鼓队，他们敲打着《西翻莲》《玉连环》等锣鼓经走在每个戏社的前头。还有一客串的特殊队伍，是以袁家汇吴坤元为首的喜欢江南丝竹器乐的十多人，他们羡慕陈塔庙会的高雅，主动提出要参加游行出会，并要求为他们着装扮演几出“地戏”，跟随在乐队后面。于是陈塔人十分乐意地为其化妆出演几出带姻缘的对子戏。“地戏”后面是“总管老爷”的阵容，“总管老爷”有多种身份、官衔，所以出会所配备的随从人员多得无法列举，有以地方官员身份出现的，队伍前列有“正堂”“肃静”等头牌，他们身穿长衫，头戴瓜皮小帽，手拿“主帅”的令旗令箭，还有“皇帝”的玉玺、虎符，以及充当“行令员”（代主帅传令）、符宝郎的随从，也出现在游行队伍中。“总管老爷”出殿的仪式是先由道士吹起没有音符的“嚎筒”，声音怪异而恐怖，敦促两旁围观者保持肃静，再由门子奔跑至山门口，嘴里“叽里呱啦”地喊一通，观众听不懂他在喊什么，其实他也不知道自己在喊什么，大概意思是“都天安乐王”“护国随粮王”“金都大元帅”将出殿巡视，闲杂人等一律肃静回避。在多支火铳并发，多面铜锣齐鸣的噪声中，八人抬着“三老爷”出了殿。紧接着，以同样的形式和步骤抬出“二老爷”和“大老爷”。虽说是泥塑木雕，却个个威风凛凛，精气神儿十足：“大老爷”一身正气，“二老爷”一脸刚毅，“三老爷”表情轻浮，两眼珠往人群里瞟来瞟去，吓得那些美女不敢抬头正视。

出会游行队伍出山门，因人群比肩接踵，必须举“回避”等头牌多块，以及公差、皂隶、捕快等衙役三班还有胥吏跟随。游行队伍中的角色也是种类丰富。一是“罪犯”身份。那些富家子弟，或父母爱如掌珍的子孙们，唯恐年少夭折，故而宁愿出钱，申请在“总管老爷”的牢里充当罪犯。于是，由“尚书房”的文书发了批文，具了斩条，自备罪衣罪裙。作为罪犯，本应是铁链套颈，但为了摆阔，自备一条特长的银制锁链挂在颈间，手执长香，昂首挺胸，煞有介事地行走，好似戏曲里的英烈赴刑场就义。二是“元帅”身份。出征打仗自然有先行、中军、主将、偏将、牙将等，还有众多一身行伍打扮，手拿钢叉的兵丁。三是“帝王”身份。全副銮驾，每人拿斧、钺、戟、槊等兵器，有木质的、锡制的各一副，队伍有数十人之多。游行队伍中有由八人扛抬两口百余斤重的锡制大香炉，内燃檀香，一路香飘扑鼻，令人神清气爽。还有各类幢幡、抬锣、掌扇、黄罗伞。此时，“尚书房”的办事员会从人山人海的戏场里通过，观众主动让出一条宽敞的道路，而所有演员则全部停止演出。“尚书房”办事员则自顾观摩陈塔的“地戏”，他们时而评头论足，指指点点，时而点头赞许，齐声说：“妙哉，陈塔！”因陈塔村民居集中，出会游行的路程不长，绕村一周，耗时约两个小时。前队已行港北埭过半，队尾尚未走过保隆桥，整个上介地田的南、东、北、西各路都被参与游行的人占满了。

“地戏”之多姿多彩，装扮之雍容华贵，丝弦之悠扬悦耳，锣鼓之铿锵动听，火铳之爆声震耳，观众之人声鼎沸，犹如一支独特的大型“民族交响曲”，把陈塔村烘托得恢宏壮丽。庙会是陈塔人对佛教文化、庙文化、戏曲文化和民族器乐传承的重要载体。陈塔“地戏”也是民间庙会中最具地域代表性和独特性的民间娱乐活动。

和孚故事

第六章 和孚的传统民俗

和孚地处太湖南岸的农桑渔区，粗犷中蕴含精雅，吴越文化的特征在这里有着明显的表现。因河网密布，这里具有浓郁的江南水乡风味和民俗。时至今日，古风民俗仍保存完好，如生产习俗、生活习俗、时令习俗、礼仪习俗等。这些风情习俗是古老吴越文明的遗存，更是古风民情的具体体现。

生产习俗

蚕　桑

和孚历来以蚕丝生产驰名国内外，素以“蚕桑之邦”著称，农户有百分之九十以上以养蚕制丝维持一家生计。养蚕关系到农家生活，所以称蚕为“宝宝”“天虫”，犹如父母疼爱婴儿。养蚕周期短，收益好，但难侍候。因此，过去认为养蚕的好坏一半在天，一半在管，由神灵主宰，因而产生了许多蚕禁的风俗。

关于蚕情的占验

农户梦寐以求的是“五谷丰登”“蚕花万倍”，企求神灵保佑“蚕花廿四分”，并定了许多能占验养蚕好坏的成规俗套。比如，每年农历十二月十二日为蚕生日，那天天气要晴，最好要有白霜，那么来年蚕一定丰收。因为丝茧是白色的，浓霜雪白，即代表丝茧丰收。人们认为正月初七、初八、初九各主人、谷、蚕，初九主蚕，那天天气也要晴朗。二月十二日是百花的生日，蚕户采百花浴种，这天若是天气晴朗，则收获必丰。三月初三若下雨，一直下到蔟头茧子白，蚕收必歉。俗语道：“桃花吹过涧，小蚕必须缺。桃花吹过港，小蚕无处访。”三月初三及清明前后两天若刮西北风，则小蚕期间气温寒冷，小蚕难养。

过去养蚕，蚕种数量都不是依叶定种，不少人家都养蚕，所以，桑叶的买卖贵贱，直接关系到蚕户的经济收入。预测当年叶市行情也有很多方法，古人云：“若能识得四月天，困在床上吃勿完。”叶市在立夏后三天开秤，本地都在重兆集镇等地开设茶馆的地方做买卖交易，每天有上午、中午、下午三市，一般交易七天。一般于清明前夜请“叶仙人”卜叶价。方法是不让旁人

桑蚕图

看见，卜者暗自在河港里摸三只大小不同的螺蛳，并暗中记好第一只代表买客，第二只代表卖客，第三只代表行主人（即叶市中人），并将三个螺蛳放在盘子中，在净室中点了香供在桌上，禁止外人入室，看螺蛳的蜒动情况判断桑叶价格的贵贱。倘若“买客”先动那么叶价必贵；若“卖客”先动，则叶价定贱。还可以从“行主人”的蜒动，判定桑叶买卖行情；如果它先动，则行情活跃，必有盈利。另外，三月初三及清明前后两天若刮了西北风，定会连旬阴雨，则桑叶先贵后贱，倘若上午晴，下午雨，那么叶价定是先贵后贱，反之则先贱后贵。还有隔年“萝卜管丝价”之说，如果今年萝卜价贵，则明年丝必贵，若萝卜价贱，则丝价也贱。

关于蚕的祈祀

过去蚕户所崇拜的蚕神多得不可计算，最普遍的则是“蚕皇天主”“马鸣王”“蚕宝三姑”“蚕花五圣”“蚕伤蚕煞”等，都是蚕时必须膜拜的对象。每年十二月十二日蚕生日，浴种吃圆子，并以圆子等祭拜“蚕花五圣”，以求来年蚕花廿四分。清明节，以米粉做成丝、茧、绵兜等形状，以祭神而祈蚕。并在门前用石灰粉画成弓箭、刀戟图样，用手按石灰，将手印于各门上，用于驱逐妨害“蚕宝宝”的恶魔。收蚁那天，斋“蚕花五圣”“马鸣王”吃面，叫作抽蚕肚肠。蚕到二眠、三眠、大眠都要斋蚕花，蚕到大眠还要拜“蚕伤蚕煞”，上蔟要拜山棚五圣。开始缫丝时，要拜“丰头五圣”。缫丝一毕，大户人家要谢蚕花，三牲酒面大祭“蚕花五圣”，亲戚、家属、佃工聚餐吃蚕花酒。有些习惯养不好蚕的人家，往往到庙里去收蚁，以求菩萨保佑。

关于蚕的禁忌

本地人把蚕看得和三世单传的独生娇儿一样宝贵，所以有很多关于蚕的忌讳。过去地方官府一到养蚕时，就停止赋役漕粮，以免冲犯农家蚕禁。蚕户一到收蚁，便把草帘挂在门上，插桃为标志，虽是近邻也不通询问，叫作“关蚕房门”。这是，债主停止讨债，亲戚不相往来。偶有不知忌讳误入人家，也没有人来招呼你。若是禁忌严厉的人家，当外人跑出时会用一碗冷水、一个鸡蛋、一个草结把他当鬼烧送。所以到了蚕时，人们绝不会乱串门，自讨没趣。

在蚕时有许多言语都被禁忌，如“碗”与“完”同音，不能说，糨糊的“糨”、老姜的“姜”，均与僵蚕的“僵”同音，不能说。“刮光”“脱白”“呆头”“亮”也不能说。穿着湿衣服的人不能进蚕房。总之，一切言行都要讨吉利，才可使蚕儿丰收。每当蚕老上蔟时，要在门上挂一个尿壶或粪勺。传说有“白鲞精”，每到蚕儿上蔟后要来偷茧，但它最怕脏物，用脏物挂在门上，它就不敢来了。蚕的禁忌，在旧时真是花样繁多，除了上面介绍的常见习俗，还有“请蚕花”“呼蚕花”“插蚕花”“轧蚕花”等习俗。

农　事

和孚的农业，除了养蚕，便是种田，农家历来是上半年养蚕，下半年种田。过去在种田上也有许多民间风俗，最注重的“田家五行”，即用“金、木、水、火、土”及“天干、地支”来占卜风、雨、农事等，这是自古以来庄稼农事的风俗传统，迷信甚重，也有许多是几千年来劳动经验的总结，既是难得的宝贵财富，也有道不尽的占验。

一月："岁朝（年初一）宜黑四边天，大雪纷飞是旱年。但得立春晴一日，农夫不用力耕田。""岁朝西北风，大水害农工；岁朝东北风，五谷大丰收。""一鸡二犬三羊四猪五牛六马七人八谷九蚕十麦，正月上旬十天每天主一物，天晴为祥，天雨为殃。雨打正月半，一伤勿好看。"正月里的日头，初一算一个，初二算两个，初五算五个，十五算十五个，以此类推，全月合计要有两百个太阳，岁收必丰。

二月：二月十二日为百花生日，若天晴，则田蚕丰收。此月以后往往连雨十二夜，俗称十二个花夜雨，但或前或后不一定，亦为丰年之兆。"惊蛰前雷，人吃狗食"，"惊蛰闻雷米如泥"，"瘦牛瘦马难过二月初八"。相传二月初八为祠山大帝生日，他生有风、雨、雪三个女儿，父亲生日都要来庆贺。初八的前三后四必有风雨，天气奇寒。习俗有"祠山暴"吃冻狗肉之说。

三月："三月无三卯，回家米不饱"，三月里有三个卯日是丰年，若无三个卯日，年岁荒歉。清明日要晴明，清明后一日为黄梅日，后两日为白梅日，俱要晴明，田方丰收。三月初五听田鸡叫，上午叫高田熟，下午叫低田熟，整日叫，高田低田一样熟，整日不叫，农夫难出手。"三月初三落雨，落到山上茧子白。""麦怕清明连夜雨。"

四月："四月初一乌图图，高低田里一样熟，四月初一雨嗒嗒（下雨），港底裂麦尺，四月初一晴咯咯，鲇鱼游到灶脚下。""小满雨主年丰，蚕丝价贵。""雷鸣甲子庚辰日，定有旱，虫损田禾。"

五月："端午无雨是丰年。""不怕端五端六，只怕端七端八。""大旱只怕端十一。""端午夏至连，袒膀赤脚好种田。""端午晴，是丰年。""夏至西南没小桥。""夏至连夜起时，头时三天，二时五天，末时七天，俗称黄梅三时。""时里西南，老龙归潭；时里西北，鲤鱼上屋。""雨打送雷，要雨豆花开。"

六月："六月初三一个阵（雷阵雨），上昼耘田下昼困。""六月勿热五谷不结。""小暑一声雷，重新发黄霉。""夏甲子雨，赤地千里（干旱）。"六月初六是天贶节，俗称猫狗生日，是日浴狗浴猫吃馄饨以祛病。如天雨有水灾，"六月小，肥田收瘪稻"。

七月："雨打秧头，晒死光头。""立秋月雨，秋里干热。""脱衣秋凉爽爽，着衣秋热到头（立秋时逢夜里为脱衣秋，逢白昼为着衣秋）。""处暑里雨，田夫多米。""立秋日闻雷见虹，均损田禾主歉收。"

八月："八月初一难得雨，九月初一难得晴。""秧分闻雷，米如金。""忧忧忧，忧到八月二十四五更头。"八月二十四为百草生日，忌下雨，易诱发大水，淹尽禾稻。"白露雨偷稻。""八月十五六云遮月，正月十五雨打灯。"

九月："勿过霜降勿叫好，只怕寒露一朝霜"，寒露遇霜，田禾枯死，稻谷必歉收。"重阳无雨一冬晴。""九月十三晴，钉鞋木屐挂断绳"，九月十三为孟婆生日，晴则久晴，雨则久雨。"九月雾露氽乔千（晾稻工具）"，九月里雾露，十月里是收稻季节，容易多雨，带来很多不便，甚至有烂谷烂柴的危险。

十月："活到老学不了，东南风吹来要收稻"，"一日南风三日雨，三日南风九日晴"，十月忌南风。俗称："十月五信风。""小雪有雪谷价平。""立冬晴，一冬晴。""十月雾露制糖干。"

十一月："晴过冬至，落过年。"十七日是弥勒佛生日，俗称弥勒佛有一个藏天袋，次日若是东南风，则收米入袋，故米价贵，若是北风，则放米出袋，故米价贱。冬至日起"九"，每九日为一候，记每九天时寒暖之状。"九里南风是毒药"，九里忌南风，南风则必雨。如头九有雨雪，则每九都有雨雪。"冬至前后，洒水不走"，意为滴水成冰。"三九太湖连底冰"，是本地一年中最寒冷的时候。

十二月：初一宜晴，来年必岁稔，若下雪来年必旱。"个个初三要共晴，十二月初三要其落，十二月初三晴，搭干搭湿到清明。"十二日为蚕生日，宜晴并最好有霜，则来年蚕茧必丰收。"大寒逢戌入腊"，农家贮腊水浸年糕，不会生花，不开裂，留至明年浸种谷，则不生蛀。年三十（除夕）夜要黑暗，则来年五谷丰登。

陈年习俗也很多。农耕民族，种植离不开土地，土地是百姓的生存之本。所谓"吃不一样勿是从土里来，吃不一样勿是土里去"，所以百姓普遍奉祀土地菩萨。

种田

插秧时，插秧人不能用手直接接秧，由拔秧人或专门分秧的人把用稻草扎好小捆的秧，抛在待插秧的田里。抛秧时万一击中了插秧人，叫“中秧”。则由抛秧人高喊“唷，某某今朝交好运了”，旁边的人也随声附和“某某今天交好运了”。

禳灾

遇到水灾就拜龙王；遇到旱灾就拜菩萨；遇到虫灾或“白鲞精”，就在晚间敲锣打鼓，村人集中吆喊驱除，以保田禾丰收。

新米饭

农民每年新谷收成以后，用新米烧第一餐饭，称“新米饭”，俗称“开大米囤”，备酒菜请亲友以贺丰收。用新糯米碾粉做圆子，分送亲友及邻舍，谓“新米圆子”。

水　产

和孚地处江南水乡湿地，河港纵横交织，水产资源极为丰富，也是人们赖以生存的衣食之源。古往今来，一直是有名的淡水鱼养殖基地。渔文化积淀丰富多彩，勤劳智慧、渴望美好生活的百姓，在长期生产中流传下来独特的风俗，不失为一笔宝贵的精神财富。

养　鱼

农历正月十一日，即石淙三个太均的生日，不论大小农户，特别是以捕鱼为生的渔民（俗称“渔船里”）都要到石淙太均庙去烧香祭祀。男子备猪头一个、鱼一条；女子用猪肉一刀、鱼一条，备神马一位（太均），每个村落备大船一艘，开赴石淙朝神。每年九月十六日为太均（为陆老相公生辰）烧香祭祀，同正月十一日一样。陆老相公，名圭，宋时敕封为广陵侯，太均的三个女儿在船上帮父工作，运粮至湖州。适值荒年，他们就把粮食发放到民间，犹以渔民受恩更深，死后，人们感激不尽，立庙纪念，世世代代都把他们当作祖先来祭祀。祭祀太均，主要是企望渔业丰收，人口太平。

过去，渔民往长江采购鱼苗，当鱼秧船回来时，沿路遇桥即放爆竹。到埠时，则船上、岸上爆竹齐鸣，锣鼓喧天。河埠设三牲、鲜果糕点、酒点香烛隆重祭祀，谓“拜利市”。同时请戏班子在庙前广场唱戏，庆贺鱼秧满载而归，祈祷渔业丰收。鱼秧放入鱼塘前，要请“财神”，点香烛祈祷，还要请人用划楫（木桨）等工具把鱼塘水搅浑，意为“越混越发”。

中秋节拜“塘头五圣”，需供猪头三牲，点香烛祭祀。夏末秋初，鱼病旺发，高温又遇雷雨，鱼易浮头（称“鱼嚎”），旧时，则要祭塘。深秋初冬，捕获鲜鱼，邻里亲戚相互帮助拉网捕鱼，对帮忙者每人馈赠两条大鱼，青鱼或鳙鱼，但不能送草鱼或白鲢，草鱼谐音“吵”，白鲢鱼因是“素白”，不吉利。同时，捕鱼结束还要邀请邻里亲戚吃饭，谓“鱼汤饭”，庆贺丰收。

种　菱

菱种类很多，可生吃，也可熟食。本地河、港、漾、塘密布，种菱面积很大。菱与“灵”“玲”谐音，所以民间把菱视作“机灵”“玲珑”“灵验”的吉祥物。在幼儿的服饰、鞋帽上以及卧室的帐幔、枕套上喜欢绣菱的图案。甚至在家具、房梁上也雕上菱的花纹。菱也是供奉神佛、祖宗的供品。

养　殖

旧时，农家猪、羊进棚，就要请“棚头五圣”，在猪或羊的棚栏上缚一张“棚头五圣”的纸马。祭祀时，一般用猪脚爪、白煮鸡蛋、豆干、一尾鲤鱼或鲫鱼放在筛子里，在猪棚、羊棚前装上香烛祭拜。如猪、羊有了病，也要请“棚头五圣”。除夕还专门祭祀“棚头五圣”，以保六畜兴旺。

生活习俗

和孚镇民风淳朴，崇尚勤俭，地域文化浓郁独特，积淀深厚的民间文化、民俗文化和语言文化等，浸润着百姓生活的每个角落，生生不息，代代相传，经久不衰。

礼　仪

乡民以崇尚仁、义、礼、智、信为荣，以救贫济苦、互帮互助为己任，好客亲善、和睦孝悌的治家传统观念亘古不变。在礼仪习俗上，和孚人都知道有“通信”“拜太均”“拜利市”等习俗，非常有趣。

通信礼

“通信礼”是男女双方在定亲后必然走的过程，男女双方定亲后，由男方家提出“好日子”（结婚日期），并通知女方家（“通信”），一般逢六或请星相家择“黄道吉日”。送“好日帖子”这天，男家娘舅、舅母、姑父、姑母在媒人陪同下，用木制长盘装着鱼肉、水果、四种蚕（蚕卵、幼蚕、蚕蛹、蚕）、彩礼等上女方家，互告结婚日后，双方筹备婚礼百事。

拜太均礼

太均是守护妇幼的女神，传说中她是由人修炼成神的，在传承过程中，特别是妇女、儿童都特别崇拜太均娘娘。每年农历九月十六日，大家便一同祭拜最贴近底层百姓的保护神——太均娘娘。从孩子出生到长大，一系列仪式都围绕太均信仰而来：偷鞋祈子、祈乳，三朝礼，满月剃头，周岁、十六岁等办“罗汉酒”，或称“拜太均酒”，人们或祈祷太均娘娘保佑，或感谢太均娘娘的恩泽。太均在太湖百姓的心中有不可替代的位置，人们都相信她的恩泽会保佑信奉她的信徒们。

拜利市礼

最有趣的莫过于“拜利市”了。“拜利市”习俗不限于每年从腊月二十六至三十大年夜的“拜利市”。供桌上点燃两支蜡烛、三支香，一个烧得半熟的大猪头。此时的猪头被称为“利市头”，讲究的人家还在猪嘴里咬一根猪尾巴，猪嘴旁放一两节脚蹄和肋条肉，意思是“全猪”。桌上还放着烧得半熟的全鸡，要选公鸡，鸡屁股上还留着三根鸡毛。全鱼是用一条鲜活的鲤鱼，鱼眼睛贴上一张红纸。据说，鱼眼蒙上红纸，眼前一片红海洋，就能安详地进入梦乡。活鱼意味着来年“鲤鱼跳龙门”，讨个好彩头。这就是猪头三牲，还有一些干素菜和水果供品，如橘子、菱角和甘蔗类的东西。“橘子”就是“结子”之意，意味着子孙繁衍、代代相传。“菱角”谐音“灵巧”，祈愿生的孩子聪明乖巧，或者已出生的孩子将来要崭露头角。甘蔗意味着越来越甜，祝愿老人生活幸福安康。这些供品一般用条箱或长盘存放，由至亲送来。凡娘家、女儿家造房子上梁或乔迁新居都会抬着猪头三牲供品和上万元的摇钱树浩浩荡荡前来祝贺。凡后辈们都得来拜一拜，连手抱的婴儿也得在母亲的怀抱里作揖。一般大人们在旁边把诉求直接表达出来，祈求小辈今后学习进步，长辈能健康长寿，吾辈能平安发财等。“拜利市”后还要放炮竹礼花，发糕点糖果，以前是众人抢着要，如今这些果品已经不稀罕了，于是男主人分香烟，女主人发苹果，以求平平安安，结个好果。

服 饰

百姓的服饰印证了历史的变迁，也反映社会的发展变化，蕴含着百姓的生活愿望和美好追求，地域色彩浓厚。

衣服

旧时穿衣有等级，教师、商人、乡绅都穿长袍、长衫，田夫、工匠、小贩、帮工都穿短衫，富户人家妇女穿旗袍或上短衫下裙子，一般佃户人家妇女穿土布大襟衣服，下穿裤子，如进庙堂烧香、念佛，也穿裙子。婴儿内穿毛衫，袖口、下边都不缝边。年纪大的要做“寿衣”，寿衣都是古式的。旧时男人都穿粗布做的裙子，裙子有长有短，下边没过膝盖以下的为长裙，在膝盖以上的为短裙。年轻人一般都穿短裙。裙子腰带拴在腰间既能保暖，又能使衣服整洁。男人的长裤裤腰、裤脚很大，裤脚用布带扎紧叫“绑裤脚”。旧时，男女上衣不用纽扣，而是用布做钮袢。

鞋袜

男人都穿圆口布底鞋，或布面皮底鞋。冬天，男女都穿蚌壳形棉鞋，夏天，男人穿拖鞋。女人穿圆口搭袢鞋或绣花鞋。村里落雨天穿钉鞋，底上钉上泡头钉防止打滑，鞋面布上抹桐油。还有一种木屐，脚底是一块板，比鞋底大一些，沿边有许多小眼，上面用草蒲通过底板的小眼结扎牢固，底板下的前后各钉一块三四厘米高的木档，下雨天穿着，可以防水和泥泞。还有草鞋、茅蒲鞋，也是过去男人经常穿的。用草纯作经，稻草作纬，没有鞋帮，只有搭纽的称草鞋。有鞋帮且用芦花、箬壳编成的称蒲鞋，冬天穿着比较暖和。小孩戴虎头帽、穿虎头鞋的习俗在本地由来已久，意为小孩辟邪所用。一般不满周岁的小孩，虎头帽、虎头鞋是由外婆在端午节送给外孙。

20 世纪 50 年代末 60 年代初，男女老少夏天都穿木拖鞋。下雨天穿胶鞋，开始流行解放鞋。70 年代开始穿松紧鞋、方口布鞋、塑料风凉鞋和拖鞋。80 年代，流行各式中高跟皮鞋、健身鞋、旅游鞋、棉皮鞋等。旧时以布制土袜为主，穷苦人家连土布袜也没有。1949 年以后才有线织袜。后又不断改善，丝袜、尼龙袜等得到普及。现在有毛巾袜、棉袜、绒线袜、连裤袜、锦纶袜、卡普龙丝袜等，品种繁多，样式各异。

帽子

过去婴儿夏天戴虎头帽或者三桃帽，前面一块是绣花的桃形夹层料，用于保护脑门，后面只有一个布制圈子。冬天戴狗头帽，又叫满头帽，前额上面有两只形如狗耳朵的帽子，比较暖和。妇女只有年老的戴双叶帽，无顶，两侧形似蚌壳的。男青年很少戴帽，少数人戴礼帽。老年男人戴瓜皮帽、罗松帽、烟毡帽、鸭舌帽、行灶帽，夏天戴凉帽。上面写着"盖此身发""一片巧云"等字样。后流行解放帽、八角帽、单军帽、护耳棉军帽、绒皮帽等。女性有各色绒线帽、开司米编织帽、獭兔帽、毛呢帽等，款式不断翻新，与时俱进。

首饰

旧时，儿童佩戴银器饰物，有项圈、百岁锁、脚镯、手镯、铃铛等。富户的女性佩戴金、银、珠、玉、翡翠和耳环、手镯、戒指等。20 世纪 70 年代开始，本地很多妇女也开始戴金佩银，并流行戴手表。80 年代开始，除广大女性佩戴各色金银首饰外，许多男青年也佩戴大的金项链、金手链，有的还佩戴铂金饰物等。

饮食习俗

本地域逢年过节，办红白事，春、夏、秋、冬四时八节都很注重饮食，有些食物制作特别，为本地所独有。

团子

以糯米粉为原料，里面嵌馅，馅有甜、咸两种，甜馅一般都用豆沙，加入鸡油、猪油、桂花、芝麻等；咸馅用的食材很多，一般将猪肉、青黄豆、茭白、春笋、白菜、咸菜、豆干等食材切细搅拌而成。做成后，放在沸水中煮熟即可。团子可按不同用途分为几种：

过年米团子：过年时节祭祀祖先、祭祀神明等都用团子作供品；年初一一大早，家家户户也要吃团子，以示团团圆圆。

上头团子：结婚当日清早，新郎新娘各自在家里上头，要吃上头团子，有六个甜馅和六个咸馅的，每个都要吃一点。凡来庆贺吃喜酒的宾客也都要吃上头团子，还要给村上其他人家挨户分送。

新米团子：每年秋收后新糯米上市，为庆贺丰收，很多人家都做新米团子，在灶头的司命官、土地堂和利市堂供上新糯米团子。村上凡自族家，也送一碗新糯米团子。

冬节团子：冬至节的前三天后四天，家家户户开始用冬节团子祭祀祖先亡灵，祭祀所用团子的馅心一般以咸馅为主。如用甜馅团子，其馅心不能用赤豆细沙馅，有"赤豆硬"之说，故禁用。有丧之家，女儿要送"冬节团子"，在灵座上祭送的是生团子。

溜沙团子：溜沙团子是椭圆形的，煮熟后溜上炒米粉，用于小孩第一次去到亲戚家做客，亲戚要送溜沙团子，意为"溜溜之大，平安健康"。

圆子

用糯米粉和少量粳米粉作主要原料，有嵌馅和不嵌馅两大类，做成后用蒸架蒸熟的称为圆子，根据不同用途，圆子又有很多名称和形状。

"新官圆子"：就是拜新官用的圆子，因形状像寿桃，又称"寿桃圆子"。捏粉团时，要捏几种颜色的粉团，有加入红染料捏成的红粉团，有用煮熟后的黄南瓜捏成的黄粉团，还有用南瓜嫩叶跟米粉捏成青粉团、白粉团，做时在各种粉团上掐一点，然后一起搓圆，再嵌入馅，压入用木头雕成寿桃状的模型内，再把生圆子敲出来。把敲出来的生寿桃圆子放在箬叶上，每两个为一墩，蒸熟后很漂亮，用于做寿、过生日，寓意"长寿"。

欢喜圆子：是红、绿、花色圆子，状如石榴，上面做些吉祥物，放在"石榴"顶端，有"菱""花生""荸荠""万年青"等形状。做好后，放在箬叶上蒸熟。凡遇吉祥喜事都用欢喜圆子，寓意为"欢欢喜喜、吉祥如意"。

太均圆子：形状似乒乓球，用糯米粉做成，以糖为馅，祭拜"太均"时用。

立夏圆子：用新采摘的蚕豆煮熟捣烂后和糯米粉掺和做成。还有一种立夏塌饼，是用雕有花纹的木模中做出来的花塌饼。据说吃了立夏圆子可以防疰夏。

小墩头圆子：小孩出生后，用于拜三朝的小墩头圆子，俗称“邋遢圆子”，是由红、黄、青、白等几色糯米小圆子做成七个一墩，各种颜色要错开搭配，然后分给村上每户一墩。小孩剃头、满月时，也用墩头小圆子分发到村上各户。

清明圆子：用艾叶汁和白色糯米粉做成的圆子。也有用白色糯米粉做成的蚕茧和蚕丝形状的，用于祭祖和祭拜“蚕花五圣”，以求人口太平和蚕茧丰收。

送灶圆子：将黄南瓜削皮煮熟捣烂后和糯米粉做成，放在蒸笼内，下面放椭圆形的茧圆，上面做一些元宝形的粉元宝，在农历十二月二十三日晚作为送灶神的供品。

顺事塌饼

亲人去世后，女儿和比较亲近的亲戚要做一小盘青糯米粉、白糯米粉掺和制成的塌饼，从木头雕刻花纹的模型中敲出来，放在灵堂桌子上供奉。传说亲人去世后去阴间路上有狗追咬，扔几个塌饼给狗吃，狗就不会咬人了。故把塌饼放在买路纸中，出殡时散发在路上。

顺风圆

用糯米粉做成形似鸟蛋的小圆子。家里碰到新事、喜事都要吃顺风圆。婚礼中，男方到女方家迎娶新娘，女方家要请新郎等客人坐着喝茶时吃顺风圆。迎娶新娘到男方家后，男方家也要请新娘及送亲客人坐着喝茶时吃顺风圆。凡遇喜事，如造房子奠基、上梁、乔迁、打新灶头等，都要吃顺风圆，以示办事吉利，一帆风顺。

米糕

凡遇喜事都要用米糕，把方形米糕叠在木制的圆盘里，叠成宝塔形，称作“喜糕”。制作过程分为掺粉、制作、敲花、蒸制等。蒸糕是喜庆吉祥的象征，所有喜事都用，故又称喜糕，参加喜庆的亲戚、朋友、邻里和族人都要分赠。

粽子

凡有喜事及时令节日都要用粽子讨吉利，“糕、粽、团、圆”谐音“高中团圆”。事毕，要分发给参加庆贺吃酒的亲戚、朋友、邻里和族人。传统习俗特别讲究讨吉利，还要用连粽，意为“连中”，因“粽”谐音“中”。如新娘的银盒中，除灵时女儿送的蒸笼中都要用这两种粽子。

豌豆饭

将豌豆在锅中煮沸，放入粳米、咸肉煮成的饭，称豌豆饭。如不放咸肉，应加盐少许。用豌豆、糯米、猪油、咸肉煮成的饭，称豌豆糯米饭，吃豌豆饭也有邻居互赠的习俗。

饮茶

本地俗称“吃茶”。上茶馆吃早茶的习惯由来已久，除集镇上有茶馆外，大一点的自然村都有茶馆。茶馆一般凌晨两三点钟就开门营业，早上闹猛得很，茶客以老年人居多，也有中年人。大家坐在茶馆里说笑聊天，谈日常生活、农事习俗之类的趣事，交流新消息，打听市面行情等。有的也顺便卖一点农副产品和蔬、果、瓜、豆种子。吃茶也有很多规矩，先是互致问候，先到先入座，堂倌给你泡茶时，必须用手指轻叩桌面表示谢意，同伴中有人给你冲水时也是如此。假如有事走开，等一会儿还要回来吃，就把茶壶盖翻过来盖在壶上，或把茶盅倒放在桌子上，叫“摆茶”。过去村上有人家发生争执，自己村上解决不了，其中一方提出到茶馆解决，要吃茶人调解纠纷，这叫“吃讲茶”。有些“搓麻将”的人，喜欢“吃午茶”。生意人白天忙，晚上到茶馆吃茶，为了了解市面行情，也可谈生意，这叫“吃夜茶”。正月初一上茶馆，每壶茶加两个青橄榄，叫“元宝茶”。还有一种橙子皮茶，是把橙子皮切成细丝加芝麻腌制，叫“橙子花”。逢年过节堂倌冲水时，上下连续三次，谓“凤凰三点头”，意为对茶客特别尊重和欢迎，茶客付茶钱也要特别客气些。

本地向来好客，有客人来，或同村串户走访，女主人总要捧出一碗清香扑鼻的熏豆茶。熏豆与细芽茶叶之绿、芝麻之白、卜子之黑、橘子皮（橙子皮）之黄或青、丁香萝卜丝之红，可谓五彩缤纷，熏豆茶馨香诱人，令人回味无穷。

镬糍汤

镬糍，又名锅糍，是民间的一种点心。坐月子的产妇以镬糍为主要点心，易消化，还具有补气等功效。新女婿上门也要泡镬糍汤，与烧蛋汤合用。过去逢年过节，几乎家家都要摊镬糍。

做年糕

春节是一年中最让人期盼的节日。从农历十二月初十开始，家家户户就开始磨年糕粉了。旧时，村上几十户人家，只有几盘石磨，所以要排队轮流磨粉，大多数人家磨粉都要磨上百斤或更多，少则也要几十斤。20 世纪 70 年代末，以电机代替手工磨粉，石磨便退出了历史舞台。做年糕，俗名“搡年糕”，做的时候邻里要紧密配合，做成的年糕才好吃。一般由两家以上互助合作，选在场地比较宽敞、灶头好烧的人家做。按照擦粉、上蒸、烧火、制糕等工序各司其职，按规矩做，否则会出现生粉块、年糕气泡等。制糕人技术的好坏决定年糕的质量。因蒸熟后的粉很烫，必须将滚烫的粉捏成团，如果怕烫，可以多用温水，但结疤难解，做成年糕干后易开裂，俗称酥糖年糕。擦粉时，要泡一点盐水加入粉中，如果要制作甜年糕，需在擦粉的水中加入白糖或味精。做年糕的习俗也很多，如蒸粉时，有生人进来或者有人说不吉利的话等，会使年糕质量下降，而年糕质量不佳，就被认为来年不顺。因此，村上如有人家做年糕，无关人员都会主动回避。小孩见人家做年糕非常高兴，因为旧时习俗，年糕头要分给在场的小孩子吃。

居住习俗

建　房

因地处水乡腹地，民宅傍河而建。古语曰：“开门是河，推窗见桥。”先民建房定居，都选择高爽向阳之地，以姓氏定为自然村名的居多。住宅大多坐北朝南，纵向一般以平房、天井、灶间、楼房排列，以平房占多数，后屋主要是厕所和猪羊圈。俗称“一埭三进深”“两埭三进深”……此为极少数富户乡绅的住宅。绝大多数平民为两间平房，且很破旧，墙塌壁倒，更有甚者，仅以草棚安身。旧时，农村房屋多为砖木结构，且木料细小。邻居，隔壁都以柱为界，房屋倾斜，用木头支撑、牮直的很多。旧时，嫁女儿只图新郎人品忠厚老实，勤劳俭朴，民间有“不会嫁人看闩门，即看房屋好坏，会得嫁人看个人”“只要人缘好，驼蓑衣（用草或棕毛制成的雨衣）戴笠帽也情愿”之说。“驼蓑衣戴笠帽”是指雨天住房漏水严重，如同露天，需要穿蓑衣戴笠帽，可见平民百姓住房之简陋。

20世纪70年代，民众居住条件开始改善，掼“大泥砖”或掼“砖坯”，用土窑砖等建房。“大泥砖”，是用黏土加入铡短的稻草搅匀，用脚踩得很韧，用长60厘米、宽30厘米、厚20厘米的砖匣，把稻草泥放入匣子内一块一块压入、脱模，待泥坯晒干后即作为砌筑墙体的材料。掼“砖坯”用的黏土不加稻草，用双脚踩韧即可。做砖坯的泥砖匣子长20厘米、宽10厘米、厚5厘米，把踩韧的黏土压入泥砖匣子中制成，再放在事先做好的砖埂上，垒成墙体一样，待其晾干，再请有烧砖技术的师傅建土窑烧砖。烧砖用的煤球，是用农副产品、菜油等到城里向城市居民换煤球票去购买的。烧砖的场地应在空旷处，地基坚实，离房屋树木较远，离所制砖坯较近。一般是先用散石灰撒一个直径一米的圆圈，再用铁锹在圈内挖“十”字状的两条深沟，要通出圆圈外，其中一头开一个50厘米见方的方坑与深沟相通。深沟要挖60厘米深，宽不超过10厘米。在沟内放进干燥的桑梗、劈小的木柴，在柴火上还要加些柴油之类的易燃物，在上面叠砖坯，砖坯间要有适当的空隙，以便放煤球，按圆圈形状，一层层叠高，边叠砖坯边加煤球，此窑大约可烧两万五千块砖头。叠好后，土砖立窑的外沿，要用小钢丝索打箍扎紧，大约每隔50厘米为一档箍，再用烂泥加短稻草做成的黏土涂在窑的墙体和窑顶上，接着就可点火烧窑了。窑内烟道畅通，生火后窑顶冒烟就成功了。一窑大约要烧三至五天时间，待窑内冷却后，方可出窑成砖。建房所用梁木、椽子大都到长兴、泗安去买旧的毛竹和毛竹梢代替。当时，山区也在拆茅棚，建瓦房，从茅棚上拆下的旧毛竹比较便宜，不受封山育林的限制，可以从山里运出来。屋顶要买些芦竹劈成薄片，编成箅铺上，再盖瓦。当时有几个大队已建了土砖瓦窑，打算建房的农户，早已用稻草到窑上调换土瓦了。

用黏土掺少量石灰和砂浆拌匀砌墙，墙体用混泥粉刷，即将黏土掺入铡短的稻草浆韧打底，再覆上纸筋石灰。也有一些农户墙壁“赤膊”，即不用石灰粉刷。施工时全靠亲戚朋友、族人邻居相互帮助，无须付工钱，客气点给劳动工分。请泥水匠、木匠做工得付工钱，但可以欠上一两年。时有童叟皆知的顺口溜：“没有钞票造房子，空心梁头空心椽子，搬破两手膈子，骗骗今后新娘子，苦煞自己亲儿子。”虽然造的是简易房子，但解决了过去“四代同堂”和“人畜混居”的困境。

党的十一届三中全会以后，农村民居变平房为楼房，内外装修完整，水电卫浴配套齐全，人均居住面积大大增加。20世纪90年代后，农民受惠于国家“三农”政策，住宅建设日新月异，有的农民建起独门别墅，房屋内外装修豪华，有相当多的农民在城镇甚至杭州、上海、湖州等地购置了商品房。

建房时有许多风俗传统，比如看风水。建房地基、房屋方位、门窗的位置先要请风水先生看过再决定，然后请算命盲子或神明凡生（话婆）看日子，确定何时动工、何日上梁、何日装大门等。动工建房要先开墙沟，排石脚，叫“动工”。动工要请利市，放爆竹，还要请泥水、木匠、小工吃一餐。上梁是建房的高潮，正梁的上梁要按风水先生规定的时间进行。正梁正中要缚一块红布，过去用木梁条时，在红布下方挂三束用红丝绸条做成的红缨，每束上端扎一枚铜钿，最好要用“顺治铜钿”，取其吉利之意，再把铜钿连同红缨钉在红布上，上梁后挂在梁下。上梁时人群拥挤，村民都要来观看，媳妇的娘家要送上梁利市，要备猪头、鸡、鱼、糕、粽、团子，还有许多讨吉利的东西。要拜上梁利市，木匠、泥水匠在摆正梁时，要高喊“福禄寿禧一起来，子孙满堂人口旺，田蚕茂盛六畜发，年年岁岁步步高”等吉利的话，一边喊彩一边把糖果、红枣、馒头、糕、粽等往下抛，让围观的邻居、亲友、孩子抢拾，同时鞭炮齐鸣，煞是热闹。主人夫妻俩需手拿红包袱，每人各捏住两只包袱角，上梁的木工、泥水匠一边喊彩话，一边将装有糖果等东西的两只新笆斗从高处抛下来，由夫妻俩用红包袱接住，笆斗里装有万年青以及剩余的糖果、糕粽等东西，寓意“万年长青，年年有余”。至此，上梁仪式就告结束。上梁时，亲戚朋友要送上梁份子，特别是媳妇的娘家，所送的份子很重，除了送上梁利市外，还要送“摇钱树”、家具、电器等。主人家要摆酒款待参加庆贺和做小工的人，上梁酒自然是十分丰盛的。

砌灶头

过去煮饭、烧菜、烧开水只有靠灶头完成，且灶头上都设有灶君神龛，所以农家非常重视灶头的砌制。打灶头先要选日子，大都选在九月重阳节，其余择吉日。砌灶一般是“三眼”，即两大锅、一小锅，人口多的家庭有“五眼”，即三大锅、两小锅。大锅称作“馏堂锅子”，一般直径两尺二寸，用来蒸米糕、年糕、煮粽子等，设在灶头的最左边。中锅，一般是两尺，用来煮饭、烧开水等。还有一只翘灶，设在灶头的最右边，一般直径一尺六寸，用来炒菜，人少也可用来烧饭。如果“三眼”是两个大锅，当中有一小空位，就嵌入一只小锅，直径是一尺四寸。如果“五眼”有三只大锅，当中有两个小空位，可嵌入两只直径一尺四寸的小锅。小锅，俗称尺镬，在灶头烧火，是四散之火，用于烧水，便于烧饭炒菜使用。灶墙上方设灶神神龛，下面要画花、山水、鲤鱼跳龙门等，翘灶的侧面常写“米中用水”四字，中间一竖从“米”到“水”贯穿其中。灶墙背后烧火洞口上方写“火烛小心”，“火”字一定要颠倒写，有防火的意思。灶台的民间习俗世代延续。

家　庭

家庭传统观念向以孝悌为正宗思想，传统的家庭观念仍在延续。孟子认为：君臣之间有礼义之道，故应忠；父子之间有尊卑之序，故应孝；兄弟手足之间，乃骨肉至亲，故应悌；夫妻之挚爱而又内外有别，故应忍；朋友之间有诚信之德，故应善。

过去男子结婚后“成家”，弟兄全部成家后，有的甚至等不到最小兄弟结婚，就要分家。分家是弟兄平分父母财产，主要指生产资料和生活资料。兄弟间自立门户，各自经营分得的家业，组织家庭生活，就算“立业”。分家时，娘舅、姑父是俗定的公证人，具有很高的权威。分家的关键是公平，故一般选在二月或八月进行，意为公平发达。分家时，长子大房，要多分一些财产，名曰“长子产”，父母要“公堂产”，房屋分派长子，俗称住祖居屋，名曰“长子不离祖”。兄弟大小按由东至西顺序排列，长兄为最东边，所有房屋、田地都平均分配。通常，各房媳妇结婚时的嫁妆，由各房所有，不作分配。古人云：“男子不争分家产，女子不争嫁时衣。”分家时，若最小的兄弟未成家或妹妹未嫁，要从已成家的兄嫂中提取部分钱粮供养。父母有自主一户的，生活资料由儿子们平均抽取供给，有的吃“轮家饭”，也有兄弟两个每家一个，或者和小儿子、小女儿一起过等，形式繁多，但都要立分家文书注明，名曰“分家契”。“分家契”都请村上老先生执笔，娘舅、姑父、伯父、叔父等长辈，都要以“中人”身份在“分家契”上画花签字。分家要摆分家酒，弟兄各房的妻子娘家要备分家利市，一般送一对带叶的青竹和新的长木梯，以示“节节高升，步步攀高”，还有送碗筷家什等。

过去农村有重男轻女的陋习，俗话说“嫁出去的女儿，泼出去的水”，男子有强壮的体魄，能劳动，能创业，能承担养家糊口之责。女子纤纤孺弱，缠小脚，故被轻视。她们没有继承亲生父母财产的权利，特别是有些富户，只有女儿没有儿子的，只能把兄或弟的儿子选一个承继香火，或者从已出嫁姐妹的儿子中选一个为嗣。承继的儿子和亲生的一样，有继承的权利，也有赡养的义务。

旧俗男子去寡妇家入赘，民间称“黄泥接髈”“接脚髈”。寡妇家中子女年幼，又不愿转嫁，家中重活无人承当，要把子女抚养成人，只能招男人接力，寡妇本人对婚姻往往不能自己做主，而由族长或同族中的长辈包办。也有“叔接嫂”，俗称“转茶”的习俗，如双方同意，也可续缘，成为合法夫妻。旧时，穷人家怕儿子长大后讨不起媳妇，故有不少人家在儿子很小的时候领个童养媳抚养，到长大成人时举行婚礼，称“并亲”。以上各种婚礼承继仪式，都要摆酒款待亲友。过去凡摆过酒、款待过亲友的，此事就算合法。有些必须签署“契约”“文书”，以契约、文书为凭证。民间契约的结尾，大都有“永不纠葛，永远承照”等字样。

旧时，孩子出世后，都请算命先生排“八字”，根据年庚八字，测算孩子未来的命运。有的孩子命中测算要出姓，即要过房。过房有两种：一种是过房给神明中的“老爷”，另一种是过房给某人。孩子的父母要把孩子过房给某人，某人不能拒绝，这是一种规矩。双方讲妥后，要办过房的礼节，孩子家要把猪蹄髈、大鱼、香烟、名酒、补品、水果等送给过房父母，叫“亲爸亲妈”，过房父母要送衣服、鞋帽给孩子，还要送“长命铜钱”，即银圆或钞票。从此逢年过节都要礼尚往来。特别是过年，过房父母在年前就要送给过房儿子或女儿衣服、开心果子、状元灯笼、压岁钱等，还有叫过房儿子或女儿吃年夜饭。新年初二、初三，过房儿子或女儿要拿猪蹄髈、香烟、名酒、补品、酥糖、水果等到过房父母家拜年。过房儿子或女儿上学、十六岁生日、结婚等，过房父母要像对亲生儿子或女儿一样送厚礼，甚至过房儿子或女儿的孩子上学、结婚等，也要以厚礼相送。

旧时，有女无子者，招男子进门成婿叫招女婿，称“入赘”，也要写“入赘文书”。被招女婿要改女家姓，甚至连名字也要按照女家辈分排列，生育儿女也要跟女方姓。现在许多都是独生子女，独生子女结婚，既不算出嫁，也不算招女婿，称“两头香火”，至于小孩姓谁家，均于婚前商定。

交　通

因地处浙北水网地带，无船无桥，路途不通，过去出行都靠步行，大道小路都是泥土，雨雪天路途泥泞。旧俗，碰到相向而行的人，特别是老人，要先让路；草篰、物件等不可放在路中央。路人问路，必须先尊称对方，礼貌在先。有事出远门，唯有乘船代步。所以，一个村就有一艘航船，人们称船老大为“航船班主”。航船为木结构，吨位约为三四吨，分船头、客舱和船艄三部分，客舱内两边装有两排板凳，供乘客入座，中间过道放置货物。船舱上用芦席做棚，可遮蔽风雨。航船靠人摇橹前行，航船的停靠点基本固定。通常，天刚亮开船，沿途逢有乘客，靠岸搭乘，男客会主动轮流替换摇船，到达目的地后，船主向乘客收取船钿，并通知下午返回开船时间和停靠船埠。乘客乘船，先到者坐座舱后部，后到者坐座舱前部，故“先落航船满上岸”之说延续至今。

旧俗，凡小孩第一次坐船，要吃一滴篙子水。即船开启时，用竹篙把船撑开，并控住竹梢高举，在船头前面拍向水面，并喊“一路顺风”，船中如有第一次乘船的婴儿，就把竹篙头上滴下的水，由母亲用手沾一滴给婴儿吃，传说这样做，孩子长大后就不会晕船了。乘船习俗是在船头正中不能小便，只能在船两侧小便，如有人在船正中小便，要放爆竹或点香烛。在船上吃饭，不可以把筷子放在碗上，吃鱼不可翻身，船过庙宇或桥洞时禁止说话。这些习俗，由年长者在船上提醒此去路上到某某桥不可讲话等。

20 世纪 60 年代后期，客运航线开始有定期航班。如“上海班”，指菱湖至上海，“乌湖班”，即乌镇至湖州，“嘉湖班”是嘉兴至湖州，“张湖班”是张村至湖州。航班都是双向对开，每天一班，在南皋桥码头停靠，极为方便。随着生产队集体经济不断壮大，村里开始购置农船，为交公粮、卖余粮、运肥料、收割农作物提供便利。70 年代后，水泥船问世，逐步取代了木质船。80 年代后，全面推行家庭联产承包责任制，农用挂桨船问世，用于积肥、购物、运输等，省力又方便。21 世纪初，因挂桨机船污染严重，噪音大，事故多，对塘埂、河岸损坏严重，遂被淘汰，取而代之的是农用拖拉机和汽车等陆路交通工具，农用船基本灭迹。

建　桥

过去每建好一座桥，桥面正中要留出一块待补的洞，预先按洞的大小凿好“二龙戏珠”等图案和有关铭文的方石，称“龙门石”，又称“桥心板”“连心板”。选择吉日良辰，请本地一对子女满堂、德高望重的原配夫妇行头桥，把“龙门石”扶住嵌入洞中，叫“安龙门”，随之浩浩荡荡的行桥队伍依次从桥上走过。凡是有孩子生肖相克的都要远避外地，叫“避生肖”。现建的是水泥桥，“安龙门”习俗已废，但行桥旧俗还偶有传承。

卫生习俗

请　医

本地过去缺医少药，病人患病后又无钱请医，故短命者居多。请医看病大多以米计，出诊一次，酬米一至三石，名医需五石，中药每帖（剂）计以数斗米之价。古称药店老板为“药老虫（鼠）”，“凡乡间高厅大屋者，郎中先生也”。

服 药

用郎中先生新开药方买药叫“撮药”。用陶罐煎煮，罐的大口先铺一药纸，即包药的纸，再盖上盖。小口也用药纸捻小塞塞住，目的是不让药气逃逸。煎药时，要用小火以防药汁外溢。煎熬时间要长，以将药汁全部煎出为好。煎好后倾入碗中，碗上盖一纸，再用一支筷子横在纸上。第一次煎出的药汁叫“头潽”，每帖药要煎三次，即“三潽”。第三潽的药汁水不给病人喝，而是用于下一帖药煎熬时用。药渣要倒在三岔路口，让行人踩踏，意为把“病根”踏断。

卫 生

清明节前要打扫环境卫生，清理阴沟污泥。端午节用苍术、白芷芸香，在室内熏烟；用雄黄、烧酒喷洒墙角以消毒、祛病。农历腊月二十三日，要掸尘大扫除。平时，每天清晨清扫住房。年初一，要傍晚扫地，要从道地（道场）扫起，同时把垃圾从道地扫进前屋，再从前屋扫入内房，意为把钱财扫进门。

和孚故事

第七章

和孚的古村风貌

2001年6月，长超、重兆、和孚三镇（乡）合并为新的和孚镇。新的和孚镇与时俱进，致力于彰显水乡特色文化与产品的挖掘创新，使这里的镇容村貌焕然一新，展现出改革开放的勃勃生机与累累硕果。和孚镇有复乐村、长超村、重兆村、云北村、佛堂兜村、横港村、漾东村、四联村、陈塔村、双福桥村、和孚村、荻港村、吴兴塘村、河东村、李市村、群益村、陶家墩村、新胜村、云东村、民当村、新荻村、张村村等22个行政村。各村在优越的农业、渔业、桑蚕业基础上，都发展起各具特色的现代化工业园区。紧跟南浔区全面推进文化产业转型发展，在政策与资金的大力支持下，依托深厚的古村落人文底蕴，以独特的桑基鱼塘为基础，不断加强对历史文物的保护与修缮，深入挖掘、开发新生资源，社会主义新农村建设日新月异，乡村旅游如火如荼。重印孤本《荻溪章氏诗存》，保护性修复有历史价值的老房子、古桥和中心村的古石板路，新建鱼文化艺术长廊、和孚漾沿水长廊、牌坊、荻港历史名人纪念馆，开展村歌创作展演等，在瑰丽的自然景观基础上增添了颇具特色的历史文化景观，魅力四射。

利济桥（和孚村）

和孚镇文化中心推出的“春、夏、秋、冬”四个节日系列大型文化活动，即和孚村元宵民俗文化节、民当村端午文化节、新荻村以地产“菱鱼”为核心的庆丰收文化节、荻港村鱼文化节等，有力推动了旅游业的蓬勃发展。这里人杰地灵，历代人才辈出，也为祖国强盛、家乡振兴贡献了力量。随着村落文化的挖掘浸润，村容村貌的提升改造，经济建设的创新发展，和着时代的节拍，相信和孚镇会越来越成为人们休闲度假的好去处。

和孚村

和孚村位于和孚镇中心所在地，辖区总面积为3.01平方千米，全村共有15个村民小组，有党员70人，是一个农工商贸发展型的行政村。

文物古建有青云桥、中兴桥、五旺桥、利济桥等，同跨市河，相距不远，成为水乡小镇一景。总管庙在村黄船弯东港，始建年代不可考。

古老的袁家汇古村落遗址是和孚村辉煌历史的见证，未经修缮的古商业街、古民居、古桥、古宅等风采依稀可见。踏着石板路，仿佛走在旧时的街道，曾经的集市繁华俯拾皆是。

吴昌硕青年时期虽才情纵横，却生活清贫，在吴兴县担任幕僚的施绶独具慧眼，赏识他的非凡才华与高尚人品，将爱女施酒许配于他。从此，吴昌硕与水乡和孚结下了不解之缘。婚后，吴昌硕经常携夫人住在岳父家，流连忘返，晚年虽举家居于上海，但与亲朋好友交往不断，时时赠送书画印章，致信问候。钟氏于明初至长兴。明末，长兴难发，钟氏避居现在的和孚镇，使这里的钟氏不下八九十家，英才迭出，已成巨族。1915年，表弟钟飞滨发起建造钟氏祠堂，七十二岁的吴昌硕欣然创作了十六字篆书巨联以庆落成。上联：“太傅溯家风，耕读相传，奕叶箕裘承厚德；”下联：

钟飞滨像

“吴兴占山色，祠堂新建，馨香俎豆妥先灵。”对钟氏家族的关怀和对亲人的深情溢于言表，在款识中详述了书巨联的缘由。是联深得《石鼓》意韵，款字行书运笔圆浑，淳厚沉郁，体现了作者苍拙古健、恬淡脱俗的书风。坐落于袁家汇河边，占地约3800平方米的钟氏旧宅昭示着曾经的繁华，中西合璧文化交融的建筑，是民族资本家创业轨迹的缩影。

长超村

长超村是原长超镇政府所在地，背靠长超山，前临王母漾，因山得名。在鱼米、蚕桑文化的长期滋养下，村民安居乐业，殷实富足，是古往今来宜居乐活之地。全村共有21个村民小组，党员111名。宋、元时期属归安县松亭乡，到清雍正七年（1729）实行“庄治法”后属归安县东南十三区，民国初属吴兴县和孚镇，1931年属吴兴县第七区长超乡，1946年属吴兴县思长乡，1950年为吴兴县长超、漾东两乡。1956年，长超、漾东两乡及思溪乡一部分合并为长超乡。1958年，长超、常路、荻港三乡合建为长超公社。境内河港密如蛛网，漾荡星罗棋布。其中东泊漾最大，水面约1300亩。东泊村，古称泊宅村，《乌程县志》载“昔张志和浮家泛往来苕霅泊舟之所”。现保存古桥14座。

长超山现已探明发掘的古墓群和徐家南遗址中先后出土的新石器时代晚期至汉代陶片、瓮、瓷碗、杯等文物，展现了先民的聪明才智和悠久历史。光绪《归安县志》记载：明朝张睿卿，为地理方舆学家，归安人，游历山川，著有《广名山记》《广名园记》及《苕记》《长超山志》等山水志，可惜《长超山志》在清代初期已经失传。

据民间传说，归安县南乡有一座长超山，山上有一间护云庵，明朝凌忠介先生还未及第前，曾在庵中读书。一天夜晚月色明亮，凌某在山麓散步，忽见前方有一老者对他打躬作揖，嘴唇频动，似欲有言。凌某问他有何事，老者说：“我是古墓中人，因子孙零落，很久都没有人来祭祀扫墓，在泉下挨饿，所以厚颜向您讨一碗麦饭。”凌某说：“我因生性好静，才到这山中读书，如今入夜后，四周蛙声呱呱，到天亮都叫个不停，我深感厌烦，但又苦无对策，你若能为我制止群蛙鸣叫，我自然会报答你。”老者说：“好。”说完就不见了。那一晚，青蛙果然不再鸣叫。于是，凌某准备了酒饭到山边的荒郊祭祀。此后，护云庵一带的青蛙都不再叫了，至今依然。现长超山东侧有一座佛道兼修、规模宏大的广济寺，建于唐代，后经多次废毁，近年得以恢复重建。

长超哨船颇有地域文化特色。哨船是旧时湖州长超地区的一项民间游乐活动，相传源于春秋时期，每年清明日举行活动。用一只大木船，在船上搭好戏台，使之成为一只豪华壮观的水龙船。船上的人身着各色服饰，船沿遍插各色彩旗，并且拉起各自的番号旗，用两支橹摇动，大橹四人，小橹三人，船速极快。所有的哨船都聚集在长超山下的烧香浜，一路行来，锣鼓喧天，人声鼎沸，热闹非凡。烧完香，活动便开始了。这时，哨船旁的小舟相拥而围，山上山下人流如潮，哨船上各种表演一一亮相，煞是好看。电视剧《抓住彩虹的男人》中，吴彩虹为了刺激江夫人，让其醒来，便在江夫人床边唱歌，这首歌即湖州名曲《十只哨船》。

和孚镇长超山的墓葬群有十多座，多为汉代墓葬，土墩墓受自然力影响，封土流失严重。1999 年，湖州市博物馆在抢救性发掘中清理汉代竖穴土坑墓四座，出土文物有陶瓷器、剑、铜镜、铜壶、泥陶器、钱币等 38 件。

徐家南遗址中地表发现了新石器时代晚期至汉代的陶片等遗物。可辨器形有混质陶镂孔豆，刻槽盆、罐、鼎，主要纹饰有绳纹、席纹、镂孔、曲折纹、水波纹、云雷纹、米字纹、方格纹等，遗址总面积约 10 万平方米。2007 年，全国第三次文物普查后，长超山古墓群、徐家南遗址被列为湖州市文物保护单位。

据清同治《湖州府志》卷二十七记载：“广济院在附城南长超山西麓，旧名大松居，唐僧广济建，号松林院，后废。明僧高原眷西重建。”

长超山西侧有沈湾寺，还有费家坟遗迹。近年的考古发现，该山有西汉墓葬珍品，还有抗战阵地遗址，山顶建有抗战英雄纪念碑。抗战时期的“长超部队”严重威胁了日军运输交通线，阻挠了日军侵略的脚步，还经常锄奸灭霸、为民除害。长超人民在抗战中英勇无畏的斗争精神，为抗战胜利贡献了力量。

隆心桥、齐福桥、悦皆桥、广济寺等历史遗迹仿佛再现了当年村民日出而作、日落而息的生活场景。时至今日，长超村民一直保持着勤劳、善良、质朴的民风。

重兆村

重兆村由30个自然村组成，全村人口3339人，地处江南典型的水乡太湖流域和杭嘉湖平原，有明显的澙湖地貌，平原沃野，地势由西向东趋向低平，境内河流纵横交织，荡泊连片，地表及地下水丰富。

重兆村历史悠久，原为重兆集镇，傍于重兆市河，东有狮子墩、狮子桥，西有冯家桥，东西一条街长约百数十米。民国时期，在狮子桥北曾发掘出属于良渚文化的两块玉璧，修筑湖盐公路时，曾出土红陶印纹、黑陶残片及鼎足、石斧等文物，充分证明重兆在史前就有人类聚居繁衍生息。进入渔耕社会，几经变迁，重兆成了集聚功能强盛的小集镇。史载，自南宋朝廷南迁起，北方移民大量南迁，移民中有许多种稻、养蚕经验丰富者，还带来许多谷、桑等优良品种，给治理战乱、发展经济、大兴商业带来了宝贵经验，也推动了市政建设和商业集市的发展。清《归安县志》卷六记载："重兆市（一百十四庄）在县城东南四十里，古名云溪。同治甲子（1864）被兵毁未复。"《双林镇志》民国六年版载：清政府为镇压太平军，重兆长生桥是主战场，致使这里惨遭破坏，抗日战争期间复遭日寇烧杀抢掠重创。

清光绪年间，是本地富豪陈云轩、唐金林等的鼎盛时期，由陈云轩带头出资投入重兆集镇建设，修建冯家桥、鑫斯桥，在集镇四周的主要道路上铺设石板路，建设市房店铺，重振重兆，使这里成了粗具规模的农村集镇商贸市场，吸引长超镇以东十里八乡的民众赶往重兆集镇购买生活用品及农副产品。

重兆村历史遗迹与人文景观丰富，历来"无船路不通"，"无桥路难行"。

名胜古迹以26座古桥最具代表性，保存较好的古桥还有12座。永济桥，俗称螺蛳桥，是重兆镇与镇西周家兜等村连接的纽带，该桥所处河港宽阔，风大浪高，对桥体摧残危害极大，故有“九里三条桥，年年走坍桥”之说。至于百念亩桥，民间还有一段有趣的传说。明太祖朱元璋听一大臣上奏：“有一百念亩一座桥，桥上有只关帝庙。”听闻此说，明太祖想一睹为快。大臣接着说：“此桥前通黄太河，北靠野湾塘，九曲十三湾，湾湾出强盗。”听到此，朱元璋大惊失色，竟有如此浩野之地，就不敢去看了。现存的古桥也只是重兆村历史上的冰山一角，更多的古桥已湮没在历史的洪流中了。

重兆镇寺庙众多，许多古寺庙毁于兵灾匪乱。“文化大革命”期间，作为“四旧”的古寺庙无一幸存。改革开放后，落实宗教政策，随着东岳庙、关帝庙等复建，“水乡佛国”得以重现。现存寺庙中规模最大的是东岳庙，也是湖州地区农村中最大的庙宇之一。清《归安县志》有两处记载：“重建圣寿院记（石碑存）明景泰元年（1450）立在重兆东岳庙。”“重修东岳庙记（石碑存）明成化十四年（1479）立在重兆。”清同治甲子（1864）被兵毁，光绪十六年（1890）重修大殿，并赐“泰山青府”匾额。原庙宇中殿宇、禅房计115间，建筑面积达3500平方米，设有可容纳上千人的大戏场，戏台高大、宽敞，戏场内有两棵两三人合抱的古樟树，颇为壮观。民间传诵：“红日照青府，明月照云河。壮丽出奇观，雄伟少见闻。”东岳庙供奉神像众多，会期也多。每逢庙会，人山人海，热闹非凡。菩萨出殿行轿，更是人头攒动，队伍长达数里，行进路线很长。菩萨进殿后，开始演戏，持续演四五天，庙内香烟缭绕，善男信女们祈求神明护佑，永葆人口太平，五谷丰登。改革开放后，东岳庙异地重建。在原址西移一百多米的田里重建了建筑面积7000多平方米的多个殿宇。殿宇台阁高大宽敞，气势恢宏壮观，绿树成荫，环境幽雅。百念亩庙因庙后有“百念亩桥”而得名，原名富香庙。

重兆历史上的大家族为陈云轩家族，一生积攒来的家产顶峰时约有百多万元之巨。据本地老人讲，陈云轩在资金丰厚时，也愿为民做善事，曾先后出巨资重建冯家桥、蔡家桥、环桥，疏浚重兆集镇市河，铺设重兆镇经蔡家斗自然村延伸至蠡斯桥的石板路。

荻港村

荻港村因“倚港结村落，荻苇满溪生”而得名，位于和孚埠南岸，现居住 1146 户人家。古村落龙溪环抱，京杭大运河穿村而过，四面环水，河港如织，曾是历史上东乡十八镇之一的水乡名镇。有章、朱、吴三大望族建造的 36 座名家宅院，还有 23 座石桥，以及以里巷埭、外巷埭为主体的商家店铺，包括始建于南朝的三官庙，建于五代十国的演教寺，清乾隆四十三年（1778）建造的南苕胜境、纯阳祖师堂、积川书塾，建于明清的总管堂等，还有十三个茶馆、三个古戏台。明清两代培育出了两个状元，五十多个进士，二百多名贡生、举人、太学生，可谓人文荟萃。荻港凝集着耕读文化、渔乐文化、丝绸文化、民俗文化、美食文化、古建筑文化、古桥文化等。这里是崇文尚善的宜居之地：上有天堂，下有苏杭；除了苏杭，还有水乡荻港。

元代诗人庞隆有诗称赞荻港：

“小筑茅屋带碧流，荻花菱叶乱清秋。当年沧海愁赤尾，此日烟波傲白头。地僻只宜营燕垒，名逃何用觅羊裘。桃源只在苕溪上，不羡东陵号故侯。”

宋代王质的《夜泊荻港》：

“落日人家已半扉，隔篱问答语声微。桑枝亚路蝉争噪，一似南村割稻归。”

“野火参差度暗光，萧萧蒲稗自生凉。夜深云上无星斗，古树阴沈觉许长。”

清代李宗莲的《夜泊荻港》：

“倚港结村落，荻苇满溪生。黄昏渔火光，不见一人行。

西风芦荻秋，系缆天欲暮。隔树见渔灯，知是前溪渡。”

荻港村始于汉晋，成名于唐，村名出现在宋代，是当时二十六都之一。宋元市聚上堡，明嘉靖年间市迁下堡，荻港统辖上堡、下堡，为松亭乡十七都，属归安县。清代荻港镇为175庄，属归安县十七区。辛亥革命后，更名荻溪镇，属吴兴县。中华人民共和国成立后至1954年10月荻港为镇，为中共菱湖区委所在地，属吴兴县。2001年8月，荻港为村，属菱湖区。2003年1月，属和孚镇至今。

荻港历史悠久，观光资源丰富。村内有“八卦池塘、五孔长桥”，是现存少有的乾隆年间古建筑。天人合庆的纯阳祖师堂中的“玉清赞化”石碑是嘉庆皇帝的御笔。积川书塾传出的琅琅书声，正是荻港人杰地灵的最好诠释。历史上荻港名人辈出，110名诗人留下了1600多首古诗，近代以来更是名人辈出。佛道一家的演教寺是江南首创。坐落在都天安乐王府大门前的千年石狮偷吃面条的传说趣味横生。中国地质学创始人章鸿钊故居“三瑞堂”是荻港村最大的清代建筑群。鸿远堂是朱氏名宅，保留完整的礼耕堂是吴家古宅。架跨在域内小河上的二十三座古石桥形态各异，桥桥都有自己的故事。临河而建的外巷埭、里巷埭逶迤绵长，古韵犹存。传统糕点、茶水饮食、丝绸产品、名家字画、工艺商品，店号林立。三官庙、总管堂的古戏台，以及幸福大礼堂戏台上展现着“民间丝竹”“古装戏曲”“艺术歌舞”等荻港的民俗文艺。崇文园是荻港人设计、布局建造的休闲公园，集山水、桥亭于一体，莺藏柳底，鱼戏莲影，是观鱼赏花的好去处。传承千百年水乡渔文化如今焕发光彩的荻港渔庄，以“陈家菜肴”为特色。荻港景区以“绿水青桑芦苇唱渔歌、老宅古桥名人谱篇章”展示出一个“宜居、宜乐、宜游”的世外桃源。舒乙笔下“最好的江南小镇”——荻港，正以古韵风姿，呈现在八方来客的眼前。

庙前桥位于荻港水路要埠，紧傍右运河龙溪港。相传，凡在外经商、读书或做官的荻港人回归故乡时必须要走一走八字桥，以示财运、官运四通八达。荻港民间还流传有关于荻港桥名的山歌：“游山玩水祖师桥，烧香念佛乐善桥。谈情说爱长春桥，花船轿子总管桥。乘船摆渡东安桥，要吃鱼来上石桥（指积善桥）。热热闹闹钞田桥（余庆桥），丝竹吹打秀水桥。披戴接官三官桥（永庆桥），开行开店史家桥。”

2017年被联合国粮农组织评审为“全球重要农业文化遗产”的桑基鱼塘

总面积 1007 亩，被誉为“世间少有的美景，良性循环的典范”。江南水乡的自然景观和人文环境在这里焕发出独特的魅力，古韵风姿无限。在保护、传承、发展、利用中展现了赏鲜花、采桑果、品桑茶、摸鱼打虾的休闲乐趣。

民间丝竹是荻港重要的文化遗产。2009 年 12 月，“荻港民间丝竹”被评为湖州市第一批非物质文化遗产，杨培根是其代表性传承人。它形成于清朝，由二胡、笛子、箫、三弦、响器等组成，主要曲调为“三六”“八拍”“四合”“拜相调”。旋律清新流畅，节奏活泼欢快，通常由三人或五人演奏，最多亦有十二人演奏，体现了农家无曲不乐的风格。茶余饭后，在桥头廊下、庭院场地演奏，丰富了人们的文化生活，驱散劳作疲惫，深受村民喜爱。历史上就有丝弦奏乐秀水桥之唱，秀水桥亦为荻港人唱山歌里的十座桥之一。荻港钞田村杨三九为“荻港民间丝竹”第一代传人，专长为吹笛，有鼻子吹笛的独技，光绪年间曾同苏州艺人丝竹合奏。

荻港古村的百年茶馆“聚华园”一元茶馆创建于清代，是荻港十三爿茶馆中位于里巷埭繁华商贸店铺中较有名的传统老茶馆。茶馆主人潘平福夫妇已是茶馆的第四代传人，他们以茶馆为主，兼营理发，本着为民服务的宗旨，开设早茶（凌晨三点开始）、饭茶，茶水费只收一元钱。正月初一喝茶，奉送橄榄、茶叶、糖果。时年八十五岁的农民书法家章生德挥毫题写“聚华园”店号。多年如一日的传统茶馆，本色的水乡风味，周到便宜的服务，精湛的理发技艺，博得了当地农人的赞扬。一元茶馆名声远播，《湖州晚报》、湖州电视台、浙江电视台、中央电视台等多家新闻媒体给予报道。许多外国友人前来喝茶，并与潘平福留影。2005 年，湖州市文广新局评一元茶馆是“湖州市传统技艺展示基地”。茶馆主人始终以“善德第一，服务村民”为理念，弘扬荻港人的美德，增加了一个旅游热点。还有阿文年糕带给你的乡愁……

《荻溪章氏诗存》系荻港章氏家族刊本，全书共四册，刊自清康熙至民国的荻港章氏诗人 110 位的古诗 1635 首，承载了章氏子孙宦游客旅、乡愁归思、民风物产、风土人情、风俗景色及书塾文化等的集体记忆，为海内外孤籍。初版于民国十七年（1928）3 月，由芸业堂十一世章林藻始编，光绪进士朱孝威题写书名。继由章文熊、章震福、章晋福、章洪钧、章镜蓉、章筱梅、章道腴、章鸿钊、章觉店、章季厘、章祖申等搜集整理，得到章氏族人踊跃赞助。2010 年，华宝斋重新以线装本重印出版。新版本由时任湖州市委书记孙文友作序，著名历史学家章开沅撰“饮水思源，落叶归根”序文。

章家是荻港第一望族，祖先是从绍兴迁徙过来的。章家注重教育，为培养知书达礼、富有学识的子弟修建了书塾，家族名人辈出。荻港还有吴氏、朱氏两大望族，吴家的富有远远超过章家。当地老人说，荻港的石板路直的是章家铺的，横的则是吴家铺的。朱氏家族相传是朱熹的后裔，杰出的有“赤脚财神”朱五楼，他是国民党元老陈果夫的岳父。

“积川书塾”中涌现了许多书法家、画家，如状元书法家朱昌颐、陆润庠。2014 年，荻港村被评为“浙江书法村”。

荻港先后组建了鱼鼓乐队、女子舞龙队、地方戏曲队、扇子舞队、马灯队、武术队、鼓号队、戏剧队、江南丝竹等以孙央囡、章百年为团长的民间特色艺术团。“渔家乐”成为江南水乡渔乐文化的杰出代表，是艺术团的当家节目。2005 年，“渔家乐”打击乐走进了南太湖音乐节、上海农业展览馆、中央电视台，不到二十分钟的表演，赢得了经久不息的掌声。音乐家乔羽观后激动地说：“我活到现在，还从未看到过用木船、水桶、渔叉这些渔具当道具的演出，真是精彩，太棒了！”如今，他们经常应邀赴临近镇、村参加文艺活动，丰富了百姓的文化生活，盛世欢歌赢得了广大群众深深的赞誉。

有记载，吴桂清拳师在拳船上急舞三截棍上抛后，跃身另一条船上于空中接住，继续舞得风风火火，有“水泼不进，豆撒不入”之势。武术界赠其以“蒲鞋头桂清”之威名。民国年间，组建荻港国术会，培训了众多爱武青年，多次参加吴兴县武术比赛，组织拳船，丰富了庙会的节日文化。在上海天澹大舞台，吴桂清的拳术名威沪上，连黄金荣也出面致贺。1998 年版《浙江武术拳屑录》中，吴桂清拳师以一套“五虎拳”排在首位，多次获奖。改革开放后，吴桂清在荻港义务收徒，习武健身，用微薄的工资收入自费购置武术器械，为传承武术事业尽心竭力。明嘉靖年间，倭寇侵犯，荻港乡民习武护家。清朝康乾盛世，荻港形成船拳，去和孚漾烧香浜朝山进香，以拳船丰富节日生活。为庆祝抗战胜利，吴桂清于 1946 年 9 月 26 日在荻港姜家坟头设擂台，以武会友，弘扬中华武术，扬我国威。荻港村民施旭峰、吴正林、章建宇、黄晓冲、丁晓海于 2016 年国庆节在丁旭峰家园内创建“百年拳师吴桂清武术馆”，众多弟子踊跃参加，弘扬吴桂清的武德精神，并使之长久传承。2017 年，由南浔区民政局发证，“百年拳师吴桂清武术馆”成为“荻港南苕武术协会”，是南浔区唯一以村级为单位的非营业性武术社会团体。荻港武术发展史和武术表演统称“运河船拳”。

我国是世界上最早使用钱币的国家之一，人逢盛世喜收藏。湖州市钱币学会会员章明夫，自 20 世纪 80 年代开始研究、收集古钱币，竟成了在古钱币界让大家称奇的藏家。已有《南朝陈氏钱币》《大清丰乐的浅析》《浙江天地会钱币》《论湖州钱币出土成因》等多篇文章发表，省文物局还授予他“浙江省业余文物保护员”称号，被评为省“优秀文化遗产保护志愿者”，是南浔区第三届“优秀乡土人才”。

出身于贫困家庭的荻港人陈文学，从 1973 年进入荻港饮食店学艺，因思维敏捷，手脚勤快，深得店中掌勺大厨“鸡骨头”，国民党元老陈果夫私人厨师施庆生的赏识和喜爱，遂收他为关门徒弟。陈文学是“百鱼宴”的创始人，参加省、市乃至全国各类烹饪操作比赛都“披金”“摘银”，传承了荻港的地方美食文化。

如今的荻港是乡村旅游的胜地，有无数古迹诉说久远而富有诗意的过往，有满眼春色谱写新农村建设的华美篇章。徜徉于卧波小桥、绿水长廊，古巷老宅仿佛在讲述悠久的和孚历史，家族与个体的奋斗史、乡村文化的构建史与家国情怀无不感染着每位观光者，人们流连忘返，无法释怀，告诉自己还会再来。

新荻村

新荻村境内小河似网，自然村落临水筑村。辖区面积 5.7 平方千米，宋元成市，史称“上堡”。明嘉靖前为鼎盛市聚之地，后遭倭寇侵扰劫掠，迁至“下堡”，即今天的荻港。中华人民共和国成立后，易名“新荻”。古村落现有

新荻村食文化节

14 个自然村，村民 3285 人，有鱼塘 4500 亩、桑地 615 亩。全村除本村鱼塘外，在外养鱼农户占全村 60%以上，总面积达 4 万余亩。

新荻村人文历史厚重。有始建于唐代的净光庙，有皎然募建的塔影桥，有宋代进士王质的诗，有元朝的三孔石梁桥——中兴桥，有明代的石牌坊，有清代章氏的“九芝堂”等人文遗迹。上堡港为东西走向，是东边京杭大运河与西边龙溪港的河流通道。站在上堡港边，一眼就能望见三座石桥，小桥流水，是观光旅游的好去处。历史上，永庆庵塑立天官、地官、水官“三官像”，庇佑渔乡丰收。明代石牌坊始建于明代早期，为玄武石构筑，是一座三开间冲天华表式石牌坊，雕刻精美，属迎宾坊。原址在龙溪东边钱家庄渡口，是当时竹墩、前丘、天豪里等村由龙溪港渡船至上堡聚市的必经之地。上堡牌坊是 2012 年鱼塘改造时发现的，由湖州市文保所派古建筑人员重建于白杨庄路口，是湖州市南门唯一的古牌坊，也是宋、元、明市聚上堡的实物佐证。

放里自然村有嵇氏大族。大禹召集天下诸侯在会稽开会，死后葬会稽山，后代在会稽山建造宗庙。夏朝君主少康即位，将王子季杼封于会稽，称会稽氏，遂以稽为姓，季杼为稽姓始祖。汉朝初年，会稽氏后裔迁礁郡嵇山，便又改嵇姓。德清县留下一支嵇氏后裔，放里村嵇氏从德清士溪漾迁来。据放里村的嵇朝法老讲述：士溪漾嵇家在朝做大官，主修钱塘海塘有功，受皇上恩赐金钟，后因兴奋玩耍，触犯王法受处罚，遂隐居上堡放里村。嵇氏在放里村建有财神庙，每年农历十月初三有庙会。放里村现有遗迹为清嘉庆二年（1797）建的石碑，有一棵合抱粗的椴树和一棵树冠像龙形的沙栎树，还建有三德堂、三集堂、森玉堂三座三进的走马楼宅院。另有一个天星堂。每逢庙会，各堂提着自己堂名的大红灯笼赴会，居家的用具上都有自己的堂名字款。三集堂堂主嵇德胜娶荻港章氏凝远堂十三世乃祚小女为妻。

鱼目汇自然村建有长生桥、南胜堂，汇聚着费氏、王氏两大家族。费氏建有宗族祠堂，传说费氏曾是明朝官府家族，祖籍江夏，与道场费氏是同族，在蓟墓庄西建有墓葬，墓前立石人、石马，如今坟墓已毁，石人、石马仍立在联山总管堂西侧。费氏为保大明江山，曾派丫鬟混入李闯王部，乘酒醉刺杀闯王部下的一个大夫。王家清代发家，建有王氏祖宗祠堂。王家生有王月生、王祥生、王茂生三个儿子。王月生世代中医，生二女，长女配朱五楼侄子台湾同乡会创始人朱古香。茂生的儿子王腊利娶了状元陆润庠的叔父陆念州的女儿陆阿定为妻，得到了陆家从故宫带来的丰厚嫁妆。

市级文保单位——上堡牌坊

朱熹后裔千九公朱坤，字德兴，娶上堡张氏为妻，眼看宋朝将亡，不乐仕进，爱荻溪地秀俗淳，于南宋祥兴初年自福建建阳县隐居于此，是荻溪紫阳朱氏始祖。元朝天顺癸未年首立荻溪紫阳朱家谱，后建宗祠。

新荻村历史上有桑基鱼塘，养殖一向负有盛名，鱼苗自繁自养，以养殖青鱼为主，兼养草鱼、花鲢、白鲢等。抗战胜利后，吴家浜、中央路自然村农户用船把青鱼运到上海出售，一百斤青鱼换一两赏金，人称“乌金子青鱼”。21 世纪以来，鱼塘连片改造，小塘变大塘，浅塘变深塘，死水塘变活水塘。江南渔乡特色鲜明，从新石器时代网坠捕鱼到四大家鱼的自繁自养，新荻村为湖州市最早实现“千斤队”“万担村”、亩产吨鱼塘的村落，当下更创下了亩产两吨半的新高产。“和菱青鱼养殖基地”的创建，涌现了更多养殖能手和大户，是名副其实的全国淡水养鱼示范基地。中华人民共和国成立初期输出了大批养鱼人才去世界各地指导技术，其中最负盛名的是到苏联、阿尔巴尼亚、古巴等 6 个国家指导养鱼的老专家，有现年九十六岁的丁子堂，以及到新疆养鱼四十年的老专家吴水宝等。现在的养殖方式除了传统的四大家鱼外，还有稻虾共养、菱虾共养等模式，品种齐全，经济效益可观。此外，还有湖州市的“珍珠状元”——孙央图。

2017 年 10 月 8 日，新荻村承办了南浔区与和孚镇主办的第一届采菱节，传承和发扬有四千多年历史的菱文化，村民载歌载舞，欢庆鱼菱丰收。采菱节已形成固定节日，采菱比赛等活动每年秋季庆丰收节时都会举行一次，湖州电视台现场直播。古牌坊国家级千亩垂钓基地的钓鱼比赛吸引各地的钓鱼

采菱节采菱比赛

爱好者前来。集农产品、公司、千亩鱼塘休闲垂钓基地、周边农宿农庄、果蔬采摘园、亲子游乐园等于一体的综合性美丽乡村暨汀州渔趣特色小镇，助力发展乡村旅游，实现美丽乡村向美丽经济的跨越。

民当村

民当村水域约占村域面积的35%以上，是典型的蚕桑之地，鱼米之乡。境内众多的河港、水塘造就了优美的自然环境。民当村有13个自然村，产业特色以水产、蚕桑、粮食为主，水产业主要有青虾和汪丁两个专业合作社。农田有1080亩省级粮食功能区，还有名贵苗木盆景园。企业以纺织、化工为主体，工业园区占地面积200多亩。民当村正致力于乡村休闲旅游的发展。

村以民当圩为村名，据《湖州市志》记载，在明代，“都”“里”的行政建制中就有“十三都民当圩”的地域称呼，时至今日已有六百多年的历史。2001年，民当、广安两村合并时仍沿用此村名，意为广大人民当家做主、安居乐业、国泰民安。每年端午节都在民当村举行美丽乡村摄影大赛、笔情墨韵画端午、传统文化过端午、灯谜竞猜、包粽比赛、南浔区水上运动划菱桶接力赛、端午湖州市龙舟赛、“非遗”展示等，好不热闹。

广陵桥在宋元时期开始有手工商业活动，明初已形成集市区，商贾云集，方圆五六里的人都到这里来赶集。在明末清初时，倭寇破坏了广陵桥，尤其是清同治时期太平天国兵燹，瓦砾遍地，尸横遍野，只剩下港南、港北一片坟地。清同治十年（1871），里人重建广陵桥时把原来的“广灵桥”改为“广陵桥”，是为了纪念死去的同胞。

公社大礼堂遗存初建于1964年，在2012年美丽乡村建设时复原修缮，正门上嵌有中华人民共和国国徽，“毛主席万岁”等标语字迹清晰。火红年代的大礼堂，是那个年代社员开会、学习、活动的场所，成了时代记忆，留给子孙后代回想与展望。

水乡婚庆是这里的传统习俗。水多、桥多、船多是水乡的特色，迎亲花船，寓意“百年修得同船渡”。整个花船饰以鲜花、红绸，贴满大红喜字，寓

民当村节目演出

民当村村貌

意“鸿运当头”。身穿礼服的新娘、新郎坐在花船上，伴娘不停地在分撒糖果，祝福新人甜蜜幸福一生。把最美新娘从一个水乡迎娶到另一个水乡，途中充溢着浓浓的律动美，描绘了一幅古朴迷人的水乡婚庆图。

民当村还有一处历史遗迹佛慈庵。史载，1862 年 7 月 6 日至 13 日，清朝政府镇压太平军，与太平军在袁家汇、荻港、长超山等地交战，致使百姓民不聊生，乡民为求天下太平化缘而建佛慈庵，至今已有一百五十年历史。

如今广大村民在党的领导下，努力改善环境，维护“小桥流水”的村庄布局，以“田园人居、水漾生活”为核心，原汁原味地展现江南水乡田园风光，创建农业观光、渔桑游乐、水上风情等景观。挖掘历史资源，以“乡村休闲”为核心，增添文化内涵，为村民奔小康而努力。已通过“国家 3A 级旅游景区的质量景观评审”。

习近平总书记在党的十九大报告中指出 :“文化是一个国家、一个民族的灵魂。文化兴国运兴，文化强民族强。”文化能为人民提供坚强的思想保证、强大的精神力量、丰润的道德滋养。和孚镇和着时代的节拍，紧跟浙江

水上拔河

端午节赛龙舟

划菱桶

包粽子

省建设文化大省的号召，在实体经济大力发展的同时，大踏步走文化产业转型发展之路。这里盘活了历史文化资源，催生出极富特色的渔桑文化、古迹文化与民俗文化等，将新旧文明完美融合，取得了良好的经济、生态和社会效益。文化礼堂建设成为每个村落不可或缺的精神家园与活动场所。丰富多彩的民俗文化活动，让百姓的幸福感越来越强。小桥、小楼、小日子辉映着人们的生活内蕴，河、漾、荡滋润着人们的美丽心情，美愿、美景、美食永远是人们对幸福生活不变的向往……我们相信，远方有路，更有诗意的未来。

【附录】

和孚美

1=♭B 4/4

女声表演唱

♩=82 抒情 赞美地

刘显峰 词
陈家骏 曲

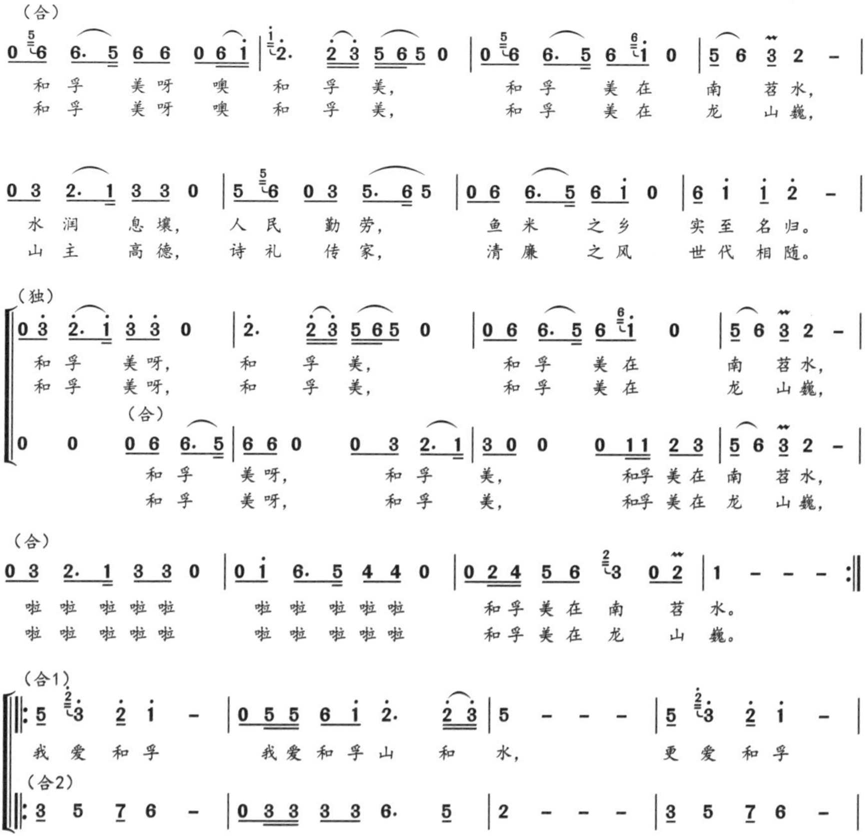

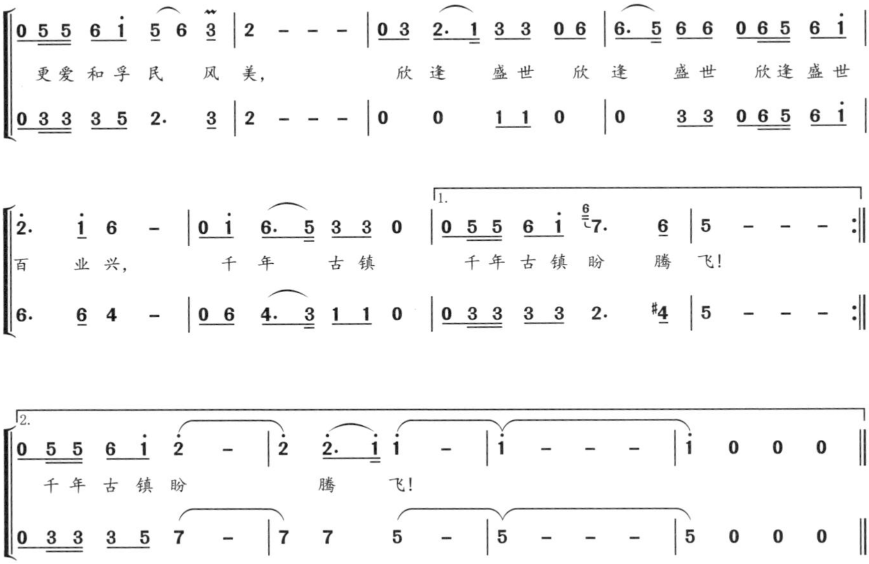

歌曲《和孚美》内容简介：

和孚历史悠久，民风淳朴，有“鱼米之乡”之称，又有“诗书传家”之誉。本歌词从山水入手，紧扣勤廉主题，歌颂山水之秀，百姓勤俭忠善，并展望中国梦与盛世和孚的美好未来。

责任编辑：余　谦
装帧设计：杨　喆
责任校对：王君美
责任印制：汪立峰

图书在版编目（CIP）数据

和孚故事 / 胡淑娟等编著. -- 杭州 : 浙江摄影出版社, 2022.10
（浔迹丛书）
ISBN 978-7-5514-3593-2

Ⅰ. ①和… Ⅱ. ①胡… Ⅲ. ①乡镇—文化史—湖州 Ⅳ. ①K295.55

中国版本图书馆CIP数据核字(2021)第265777号

浔迹丛书
HEFU GUSHI
和孚故事
胡淑娟　陈月荣　吴燕燕　刘险峰　编著

全国百佳图书出版单位
浙江摄影出版社出版发行
地址：杭州市体育场路347号
邮编：310006
网址：www.photo.zjcb.com
制版：浙江新华图文制作有限公司
印刷：浙江新华印刷技术有限公司
开本：960mm×1270mm　1/32
印张：4.75
2022年10月第1版　　2022年10月第1次印刷
ISBN 978-7-5514-3593-2
定价：39.00元